物流专业（仓储与配送方向）课程改革成果教材

仓储设备使用与维护

浙江省教育厅职成教教研室　组编

主　编　陈建平

副主编　沈佳乐　郑王卉　应冬兰

参　编　季小雄　潘　跃　金相旺

陈小平　徐春梅　罗碧茹

主　审　曾益坤

机械工业出版社

本书是中等职业教育物流专业（仓储与配送方向）课程改革成果教材系列之一。全书以“任务驱动，行动导向”为核心思想，着重对各类仓储设备的使用与维护等问题进行阐述和介绍，充分体现了中等职业教育物流理论教学与实践操作相结合的原则。全书共分成五大模块，包括走近仓储设备、存储设备、装卸搬运设备、叉车、其他仓储设备。

本书可以作为中等职业学校物流专业及其他相关专业的教学用书，也可作为物流仓储行业管理人员、技术人员的参考用书和培训用书。

图书在版编目（CIP）数据

仓储设备使用与维护 / 陈建平主编；浙江省教育厅职成教教研室组编. —北京：机械工业出版社，2011.8（2026.3 重印）

ISBN 978-7-111-35460-4

Ⅰ. ①仓…　Ⅱ. ①陈… ②浙…　Ⅲ. ①仓库管理：设备管理—中等专业学校—教材　Ⅳ. ① F253.4

中国版本图书馆 CIP 数据核字（2011）第 150869 号

机械工业出版社（北京市百万庄大街 22 号　邮政编码 100037）

策划编辑：宋　华　　责任编辑：宋　华　宋　燕

版式设计：张世琴　　责任校对：赵　蕊

封面设计：陈　沛　　责任印制：单爱军

北京盛通数码印刷有限公司印刷

2026 年 3 月第 1 版・第 8 次印刷

184mm×260mm・13 印张・317 千字

标准书号：ISBN 978-7-111-35460-4

定价：42.00 元

电话服务	网络服务
客服电话：010-88361066	机　工　官　网：www.cmpbook.com
010-88379833	机　工　官　博：weibo.com/cmp1952
010-68326294	金　　书　　网：www.golden-book.com
封底无防伪标均为盗版	机工教育服务网：www.cmpedu.com

浙江省中等职业教育物流专业（仓储与配送方向）课程改革成果教材编写委员会

前言

2006年，浙江省政府召开全省职业教育工作会议并下发《浙江省人民政府关于大力推进职业教育改革与发展的意见》（浙政发[2006]41号），指出“为加大对职业教育的扶持力度，重点解决我省职业教育目前存在的突出问题”，决定实施“浙江省职业教育六项行动计划”。2007年年初，作为“浙江省职业教育六项行动计划”项目之一的浙江省中等职业教育专业课程改革研究正式启动。该项目计划用5年左右时间，分阶段对约50个专业的课程进行改革，初步形成能与现代产业和行业发展相适应的、体现浙江省特色的课程标准和课程结构，满足社会对中等职业教育的需要。

专业课程改革亟待改变原有的以学科为主线的课程模式，尝试构建以岗位能力为本位的专业课程新体系，促进职业教育内涵的发展。基于此，课题组本着“积极稳妥，科学谨慎，务实创新”的原则，对相关行业、企业的人才结构现状、专业发展趋势、人才需求状况、职业岗位群对知识技能的要求等方面进行了系统的调研，并在庞大的数据中梳理出共性问题。在把握了行业、企业的人才需求与职业学校的培养现状，掌握了国内中等职业学校各专业人才培养动态的基础上，最终确立了“以核心技能培养为专业课程改革主旨，以核心课程开发为专业教材建设主体，以教学项目设计为专业教学改革重点”的浙江省中等职业教育专业课程改革新思路，并着力构建“核心课程+教学项目”的专业课程新模式。这项研究得到了由教育部职业技术中心研究所、中央教育科学研究所和华东师范大学职业教育研究所等单位的专家组成的鉴定组的高度肯定。他们认为，该课题研究“取得的成果创新性强，操作性强，已达到国内同类研究的领先水平”。

依据本课题研究形成的课程理念及其“核心课程+教学项目”的专业课程新模式，课题组邀请了行业专家、高校专家以及一线骨干教师组成教材编写组，根据先期形成的教学指导方案着手编写本套教材，几经论证、修改，现付梓成书。

《仓储设备使用与维护》是物流专业（仓储与配送方向）课程改革成果教材系列之一。本书主要介绍了货架、托盘、集装箱、手持终端、起重机械、连续输送机械、堆垛机、叉车、包装设备、计量检验设备等仓储设备的使用与维护。全书分为五个模块、15个项目，每个项目都由学习目标、项目概述引入，而后由若干个工作任务组成。每个任务设有任务描述、知识准备、任务实施、任务巩固栏目；正文中灵活穿插安排了“小贴士”，以拓展仓储设备的发展现状与趋势等知识点。每个项目之后设计了项目评价表，作为检查项目实施成果的依据。项目任务的设计以现代物流仓储企业的实际案例为背景，兼顾设备的普遍性、操作的实用性，配以详细的图表，以图蹊径，图文对照，力求符合中职学生的认知水平、能力特点和教学需要。

本书由曾益坤任主审，陈建平任主编，沈佳乐、郑王卉、应冬兰任副主编，参加编写的还有季小雄、潘跃、金相旺、陈小平、徐春梅、罗碧茹。在本书的编写过程中，借鉴了国内外许多专家的观点，参考了许多论文、专著、网站的资料，他们的观点和材料对编者有很大的帮助，鉴于篇幅不能一一列出，在此谨向相关作者表示诚挚的谢意。

由于物流专业目前在国内尚属新兴发展学科，处于发展和不断完善阶段，编写这样的专业书籍更是一项带有尝试性的开拓工作，加之时间仓促和编者水平有限，书中难免有不足之处，恳请读者提出宝贵的意见和建议，以求不断改进和完善。

编　者

目录

模块一

走近仓储设备

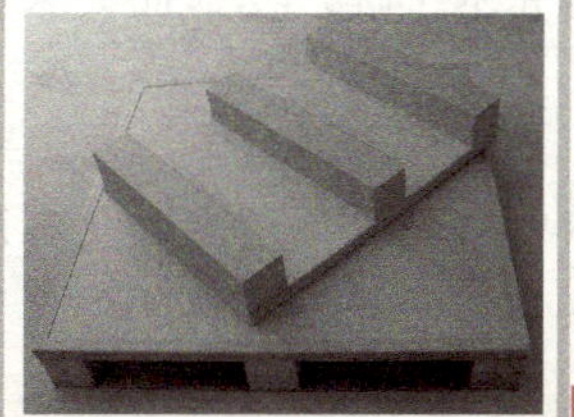

项目一　初探仓储设备

学习目标

1. 掌握仓储和仓储设备的概念
2. 了解仓储设备配置的原则
3. 学会对仓储设备进行分类
4. 理解仓储设备的作用与特点

项目概述

现代物流作业需要经过诸多环节，其中仓储是最为重要的环节，也是必不可少的环节。现代仓储日益自动化、专业化、机械化，现代仓储设备也在不断发展，并已成为推动现代仓储迅速发展的重要因素。本项目讲述了仓储设备的定义、作用、特点、分类，大家通过完成三个任务将对仓储设备有个初步的了解。

任务一　解读仓储设备

任务描述

随着物流产业的蓬勃发展，与之相关的各行各业也不断发展、壮大，物流日渐成为人们追逐的焦点。仓储设备制造业就是在这个背景下迅速成长起来的典型行业。南京凯普逊物流仓储设备制造有限公司（以下简称“凯普逊公司”），是我国较早的一家专业物流仓储设备制造企业，也在这一热潮中迅速发展起来，现已成为南京市数一数二的仓储设备制造企业。

凯普逊公司是如何成功的？它又如何成为这一行业的领跑者？记者为了深入调查南京凯普逊物流仓储设备制造有限公司的发展历程和经验，对凯普逊公司的总经理进行访问，以下是记者提出的两个问题。

问题一

总经理，您好！今天很荣幸地采访到您。贵公司在仓储物流界是一个非常成功的企业，但是有许多人对仓储并不了解，您能向大家介绍一下，什么是仓储？什么是仓储设备？

问题二

如今，大型仓储中心都配备了自动化程度高的仓储设备，但许多中小企业还没有运用现代化的仓储设备与技术，也并不了解如何配置仓储设备。您能针对如何配置仓储设备这个问题给中小企业一些建议吗？

知识准备

一、什么是仓储

“仓”即仓库（见图1-1），是存放、保管、储存物品的建筑物和场地的总称，可以是房屋建筑、洞穴、大型容器或特定的场地等，具有存放和保护物品的功能。

“储”即储存、储备，具有收存、保管、交付使用的功能。

图1-1 仓库

仓储是利用仓库及相关设施设备进行物品的入库、储存、出库的活动。仓储是物流领域的一个中心环节，在物流领域中起着缓冲、调节、集散和平衡的作用，被称为物流的支柱。

仓储的基本功能主要包括物资的保管功能、供需功能、运输功能、配送功能和对物资的节约功能。要实现仓储的活动和基本功能，应该根据储备货物的性质种类，储存货物的周转量大小，储备时间的长短以及相关的自然条件等因素，合理配置仓储设备，从而为有效地进行仓储作业创造条件。

二、什么是仓储设备

仓储设备是指仓储进行作业、辅助作业以及保证仓库作业安全所配备的各种机械设备的总称。仓储设备根据其主要用途和特征，可以分为装卸搬运设备、保管设备、计量设备、养护检验设备、通风照明设备、消防安全设备、劳动防护设备以及其他用途设备。

仓储设备是仓储活动的物质基础。随着社会的发展，仓储功能要求进一步提高，仓储的性能也在不断提升，逐渐出现了大量的新型设备。

三、配置仓储设备有哪些原则

仓储设备是仓储工作的重要组成部分，直接影响着仓储作业的整体运作效率。随着现代化仓库的建设，仓库机械化和自动化程度不断提高，仓储设备也日益更新，朝着更加经济、合理、适用、安全和稳定等方向不断发展。仓库因其种类繁多，所处位置不同，承担的储存任务各异，储存物资的品种规格繁多，所以所需的仓储设备也不同。

合理地选择和配置仓储设备对仓储作业的高效、便捷起着至关重要的作用。在仓储设备配置时要遵循以下几个原则：

1. 性能相适应原则

仓储设备的工作性能应与仓库储存的物品、作业量、出入库频率相适应。不同的仓储设备适合不同的储存物品。例如，托盘货架适合于托盘化物品，需要叉车配合存取。仓储设备与仓库管理工作的各个环节都息息相关，仓储设备的总体工作性能应与仓库的日吞吐量相对应，仓库的日吞吐量与仓储设备的额定起重量、水平运行速度、升降速度以及设备的数量也密切相关。对于吞吐量大，收发作业并不频繁，作业量和作业时间均衡的专业性仓库，应考虑选用起重荷载相对较大、工作繁忙程度较小的仓储设备。对于吞吐量不大，但收发作业频繁，作业量和作业时间很不均衡的综合性仓库，应考虑选用起重荷载相对较小、工作繁忙程度较高的仓储设备，确保仓储设备的性能与仓库出入库频率相适应。

2. 自动化原则

选用自动化程度高的存取装置可以提高仓库的作业效率。从集成化的角度来看，选择合适的货架和托盘，可以大大提高出入库的效率；从自动化的角度来考虑，若不超过投资限额或考虑投资回收，可尽量应用自动化程度高的设备，以提高仓储作业的效率。因此，在企业成本允许的前提下，尽量采用仓储高架叉车、巷道堆垛机、出入库自动输送机等。

3. 协调性原则

在仓储作业中，计量作业和搬运作业往往是同时进行的，如果计量作业和搬运作业两者协调性不好，将会增加装卸搬运的次数，降低生产效率。因此，选用设备时应考虑搬运作业和计量作业同时完成。例如，可在带式输送机上安装计量感应装置，在输送过程中同时完成计量作业。

4. 经济性和技术性原则

选择仓储设备时，企业应根据自身的条件和经营特点，在坚持技术先进、经济合理、操作方便的原则下，运用系统的思想，对设备进行技术性和经济性综合评价，选择合适的仓储设备。在采用新设备时，尽管设备的投资额比较大，但应看到采用新设备所带来的生产率提高、劳动力节约和能源节省等收益。

小贴士

传统仓储业如何创新发展

随着我国经济的发展，仓储业有着越来越大的发展空间。然而，我们在欣喜机遇到来的同时，也应该看清一个事实：当前，我国仓储业的现实令人担忧，发展相对滞后，不适应我国社会主义市场经济的新形势和国际经济一体化的发展趋势。究其原因是多方面的，但根本一点是，依然停留在传统仓储概念上的人们，对于现代仓储业缺乏正确的认识。

我国目前已经成为世界制造业的中心，这同时带动了为工业制造业提供工业仓储与物流服务的巨大市场需求。但是，回顾近些年的情况可以发现，在商品流通体制改革中，人们对仓储业在认识上陷入了一些误区，从而在实践上迟滞了发展进程，具体表现为：“仓储过时论”、“仓储无用论”、“仓储高耗论”、“仓储取消论”、“仓储回归论”与“仓储观望论”。而且，从我国物流业的现状分析，物流企业虽然在数量上供大于求，供给数量大于实际能力，但是物流服务质量不高，不能满足市场要求；物流网络资源丰富，但是利用和管理水平低下，缺乏有效的物流管理者，存在资产闲置等现象。因此，重振仓储业，开展第三方物流，必须彻底转变观念，从理论和实践的结合上解决好认识上的问题，尽快摆脱误区。

可以充分利用剩余的仓储设备开展加工包装、物资配送，形成比较系统的第三方物流，而后，在发展过程中与社会上功能性物流企业密切合作，开展综合物流代理，形成有规模、有实力、有信誉的物流企业。当然，仓储物流企业走出误区，利用丰富的库场设施及管理经验，形成第三方物流，到探索适合我国国情的综合物流代理，除了具有一定的环境资源外，管理上的创新是必不可少的。

对于保税仓储物流服务而言，在全球经济一体化、贸易自由化的大环境下，对外贸易、跨国生产和制造体系全球化将进一步发展，并带动国际物流的迅速发展，相应保税物流作为国际物流的接力区，其发展必将在国际物流及国内物流的推动下，由被动变主动，由管理变服务，成为推动我国对外贸易、加工贸易深层次发展的重要因素。通过完善的政策平台，创新的海关监管体系，建设布局合理、功能完善、信息畅通的综合性物流平台，可达到降低保税物流运作成本，提高物流反应速度，以适应经济全球化的发展趋势，满足区域经济发展的需要。

当然，在发展的过程中也不可避免存在很多问题。例如，物流业务需求量小，尚未达到规模效益的要求；物流服务的水平还需要进一步提高；保税区内外的物流网络缺乏有效衔接；保税仓储设施条件不能满足国际物流发展的需要等。这些问题阻碍了保税区国际物流的进一步发展，影响国际物流功能在我国保税仓储的充分发挥。我们必须高度重视，并采取措施，可以通过流程再造，通过简化、同步、自动化等方法规模经济，新技术应用等手段来解决目前存在的问题。当然，除了上述的解决途径之外，还要强调的是人才优势与专业化的社会定位。

（资料来源：中国物流设备网 http://china.56en.com/Info/255495/Index.shtml）

任务实施

什么是仓储？

____

什么是仓储设备？

____

作业二

从仓储设备配置的原则出发，给中小企业写一段建议。

任务巩固

通过网络查找或书籍翻阅，试着找出传统仓储与现代仓储的区别，并填写表 1-1。

表 1-1　传统仓储与现代仓储的区别

传 统 仓 储	现 代 仓 储

任务二　区分仓储设备类型

任务描述

凯普逊公司前身并不从事仓储设备制造业，而一次偶然的机会，改变了它的命运。1995年，凯普逊公司的相关负责人拿到一册国外货架样本，第一次接触到了货架，并发现现代化的货架在国外仓储中应用广泛。那些在华投资的外资企业和我国高速发展的企业不也需要货架吗？抱着这种想法，他们回去后研制了第一个货架小样，并马上拿给相关企业看，没想到企业很满意，第一笔货架采购合同就这样签订了。

短短几年里，凯普逊公司规模不断扩大。目前，凯普逊公司以货架作为主导产品，生产的货架产品已由当初的单一的重型货架，发展到了现在的轻、中、重以及非标准型四个系列；同时开发了一系列仓储设备配套产品，并代理意大利叉车、托盘等多种国内外优质物流仓储配套产品。凯普逊公司在北京、天津、上海、大连、广州等地拥有众多的经销商，并在中国香港、新加坡建立了办事处，产品还出口到德国。

问题一

货架是凯普逊公司的主导产品，它属于哪一类仓储设备？

问题二

除货架外，还有哪些仓储设备？你能对这些仓储设备进行分类吗？

知识准备

按仓储设备属性的不同，仓储设备可以有许多种分类方法。例如，按仓储设备的主要用途和特征分类，按仓储设备的功能分类，按仓储设备的作业方式分类，按仓储设备的作业形式分类等。

一、按主要用途和特征分类

按主要用途和特征，仓储设备可分为存储设备、装卸搬运设备及其他设备三大类。

1．存储设备

存储设备是用于储存、保管作业的设备，主要包括各种货架（见图1-2）、托盘、集装箱（见图1-3）、手持终端设备等。

2．装卸搬运设备

在仓储系统中，装卸搬运作业的工作量和所花费的时间，耗费的人力、物力占有很大的比重。为了高效、及时、安全地完成装卸搬运作业，必须合理地配置、选择装卸搬运设备。

装卸搬运设备主要用于商品的出入库、库内堆码以及翻垛作业。这类设备对改进仓储管理，减轻劳动强度，提高收发货效率具有重要作用。目前，我国仓库中所使用的装卸搬运设备主要有起重机械（见图 1-4）、连续输送机械（见图 1-5）、堆垛设备（见图 1-6）、分拣设备（见图 1-7）等。

图 1-2　货架

图 1-3　集装箱

图 1-4　起重机械

图 1-5　连续输送机械

图 1-6　堆垛设备

图 1-7　分拣设备

3．其他仓储设备

（1）包装设备。包装设备是指能完成全部或部分产品和商品包装过程的设备。

（2）计量检验设备。它是用于商品的入库验收、在库验查和出库交接过程中使用的度量衡称量设备和量具及检验商品的各种仪器仪表。

（3）仓储安全设备。它是根据储存商品的种类配备相应的消防设备，常见的如消火栓和灭火器等。另外为了保证仓库货物的安全还需要有防盗报警系统。

（4）养护设备。常见的养护设备有吸尘器、擦锈机、烘干机、温度控制、格式电扇、普通加罩电灯、暖气装置等。

二、按功能分类

仓储设备按功能划分，可以分为以下几种类型（见表 1-2）。

表 1-2　按功能划分仓储设备

功 能 要 求	设 备 类 型
存货、取货	货架、叉车、堆垛设备、起重运输机械等
分拣、配货	分拣设备、托盘、搬运车、传输机械等
流通加工	所需的作业机械、工具等
验货、养护	检验仪器、工具、养护设备
防火、防盗	温度监视器、防火报警器、监视器、防盗报警设备等
控制、管理	计算机及辅助设备等

三、其他分类

仓储设备按照作业方式不同，可分为物料搬运机械设备、起重吊装机械设备、存取机械；按照使用范围的不同，可分为专用机械设备和通用机械设备；按照作业形式的不同，可以分为固定式机械设备和流动式机械设备。

任务实施

问题一

货架属于仓储设备中的____________设备，这类设备还有________________________等设备。

问题二

根据所学知识，将下列设备填入合适的仓储设备分类栏中，见表 1-3。

货架、叉车、堆垛设备、起重运输机械、分拣设备、托盘、搬运车、传输机械、检验仪器、养护设备、温度监视器、防火报警器、监视器、防盗报警设备

表 1-3　仓储设备分类

存 储 设 备	
装卸搬运设备	
其 他 设 备	

任务巩固

网上查找你所在地的仓储企业，在表 1-4 中记录下这些企业的名称、地址、拥有的仓储设备的名称，并填写这些仓储设备属于的类型？

表 1-4　你身边的仓储企业

企 业 名 称	地　　址	仓储设备名称	仓储设备类型

任务三　理解仓储设备的作用和特点

任务描述

在任务一中，我们已经知道南京凯普逊公司是我国较早的一家专业物流仓储设备制造企业。

凯普逊公司刚开始发展时，在与众多企业接触过程中了解到，许多外资企业在本国都是找一些专业的仓储设备公司为自己规划设计仓库。由于当时我国的仓储物流水平低，几乎没有专业的仓储设备公司能够进行现代化仓库规划设计，因此大多外资企业都只能从国外引进仓储设备。凯普逊公司寻找到了突破点，将世界500强在我国的合（独）资公司作为公司的服务对象。

销路很快就打开了，客户也越来越多。2000年，意大利凯普逊集团公司来华考察合作事宜，在诸多企业中，看中了当时尚处于起步中的该公司，并投资参股，成立了中外合资南京凯普逊仓储设备制造公司。凭借国外先进的技术、规范的管理，公司从此走上了专业制造仓储设备之路。

作业一

在凯普逊公司起步时，我国的仓储水平普遍很低，许多企业都不了解仓储设备的作用和特点。如果你是凯普逊公司的营销人员，你该如何向服务对象介绍公司的产品及其作用和特点？

作业二

为了让客户能够更快、更方便地了解仓储设备的功能，凯普逊公司需要制作一张表格，请你完成此项任务。

知识准备

一、仓储设备有哪些作用

仓储设备在仓储活动中处于十分重要的地位，它是构成仓储系统的重要组成因素，担负着仓储作业的各项任务，影响着仓储活动的每一个环节。离开仓储设备，仓储系统就无法运行或可能导致运行效率及服务水平下降。

1．仓储设备是提高仓储系统效率的主要手段

一个完善的仓储系统离不开现代仓储设备的应用。许多新的仓储设备的研制开发，为现代仓储的发展作出了积极的贡献。实践证明，先进的仓储设备和现代的仓储管理是提高仓储能力，推动现代仓储迅速发展的两个重要因素，二者缺一不可。

2．仓储设备是反映仓储系统水平的主要标志

仓储设备水平的高低直接关系到仓储活动各项功能的有效实现，决定着物流系统的技术含量。仓储设备与仓储活动密切相关，在整个仓储活动过程中伴随着储存保管、存期控制、数量管理、质量养护等功能作业环节及其他辅助作业，这些作业的高效完成需要不同的仓储设备。

3．仓储设备是构筑仓储系统的主要成本因素

现代仓储设备是资金密集型的社会财富，仓储设备购置投资相当可观。为了维持系统的正常运转，发挥设备效能，还需要不断地投入大量的资金。仓储设备的费用预算对系统的投入产出分析有着重要的影响。

4．仓储设备为仓储管理活动提供功能保障

从整个仓储系统来看，物流仓储设备主要有以下功能：

（1）储存和保管功能。储存物品的仓库需要根据物品的特性配备相应的设备，以保证储存物品的安全、完好。

（2）调节货物的运输功能。由于各种运输工具运输能力的不同，它们之间的运输衔接是有困难的，这种运输功能能力的差异，也是通过仓储设备进行调节的。

（3）流通配送加工的功能。为了扩大仓库的经营范围，提高物资的综合利用率，方便消费，提高服务质量，现代仓储的功能已逐渐从保管型向流通型转变，即仓库由储存、保管货物的中心向流通、销售的中心转变。因此，仓库不仅要配备储存、保管货物的设备，而且还要增加分拣、捆装、流通加工和信息处理的设备。

（4）信息传递功能。仓储功能的改变同时对信息传递提出了要求。在处理仓储活动各项事务时，需要依靠计算机和互联网，通过电子数据交换（EDI）和条码等技术来提高仓储物品信息的传输速度，及时、准确地了解仓储信息。例如，仓库储存水平、进出库的频率、仓库的运输情况、顾客的需求以及仓库人员的配置等，都需要信息的记录、整理与分析。

二、仓储设备有哪些特点

仓储设备是仓储与物流技术水平高低的重要标志。近年来，仓储设备现代化、自动化程度越来越高，其特点主要表现在：

（1）仓储设备的社会化程度越来越高，设备结构越来越复杂，并且从研究、设计到生产直至报废的各环节之间相互依赖，相互制约。

（2）仓储设备出现了“四化”趋势，即连续化、大型化、高速化、电子化，提高了生产率。

（3）能源密集型的仓储设备居多，能源消耗大；同时投资和使用费用十分昂贵，因而提高管理的经济效益对物流企业来说非常重要。

任务实施

作业一

第一步骤：四人一组，成立团队。

第二步骤：情境模拟，解答问题。

（1）每位组员查找作业一中相关知识的资料，归纳整理自己查找到的资料，独立完成作业一的发言稿。

（2）组内四位成员轮换着进行情境模拟。一位组员代表营销人员，介绍仓储设备的作用与特点，其余三位充当顾客，提出疑问并给予评价。

（3）四位组员都模拟讲解之后，由组长进行简要小结，选出本组讲解最好的一位。

第三步骤：展示成果

每组由评选出的最佳讲解者上台向大家介绍仓储设备的作用和特点。

第四步骤：教师评价

教师对每组学生的行为进行点评，并对知识内容进行归纳。

作业二

凯普逊公司需要制作一张表格（见表 1-5），请你完成此项作业。

表 1-5　凯普逊公司仓储设备的功能

功　能	功能描述

任务巩固

在上一次的任务巩固中，你已经查找到一些仓储企业，并记录下它们的名称、地址、拥有的仓储设备。请你从中挑选一个企业，走进该企业进行实地调查，了解其仓储设备有哪些作用和特点，并完成表 1-6。

表 1-6　仓储设备作用和特点的调查记录

企业名称		调查日期	
企业地址		企业电话	
企业简介			
企业仓储设备的作用和特点			

考核与评价

项目实施评价表

考核项目	考核要求	配分	评分标准	得分		备注
				自评	师评	
定义解析	1．能解释仓储的定义，分析仓储的作用 2．能解析什么是仓储设备	10	1．不能说出仓储的定义，扣5分 2．不能说出什么是仓储设备，扣5分			
仓储设备配置	1．正确回答仓储设备配置的原则 2．能举出仓储设备配置的实际案例	30	1．没有回答出仓储设备配置的原则，一条扣5分 2．无法正确举出仓储设备配置的实际案例，扣10分			
区分种类	1．说出教师提供的仓储设备的图片名称及类别 2．能对仓储设备进行全局性分类	40	1．不能说出仓储设备图片的名称或类别，每次扣5分 2．不能对仓储设备进行全局性的分类，扣20分			
设备特点	1．指出仓储设备的作用 2．指出仓储设备的特点	20	1．不能说出仓储设备的作用，扣10分 2．不能说出仓储设备的特点，扣10分			
时　间						
开始时间：		结束时间：		实际时间：		

项目二　识别各类仓储设备

学习目标

1. 认识几种主要的存储设备
2. 了解仓储的其他设备
3. 了解装卸搬运设备的作用、特点
4. 学会对装卸搬运设备进行分类

项目概述

根据项目一的学习，我们知道，按照仓储设备的主要用途和特征，仓储设备可分为存储设备、装卸搬运设备和其他设备。大家在本项目中，通过完成三个任务来学习这三类仓储设备的作用、功能，对各种仓储设备有个初步的认识。

任务一　初识存储设备

任务描述

小明是物流专业刚毕业的学生，踌躇满志地踏入社会，一心想进入物流仓储企业工作，让自己在学校学到的知识学有所用。他找到了通达仓储中心，通达仓储中心的主管安排了他的面试。以下是他第一轮的面试题：

这里有四张图片（见图 2-1 ～图 2-4），请你仔细观察后回答以下几个问题。

图　2-1

图　2-2

图 2-3

图 2-4

作业一

你能说出这四张图片分别是什么设备吗？

作业二

请你针对这四种设备分别作简要介绍。

知识准备

一、什么是存储设备

储存是物流作业中的一个重要环节，任何商品只要不是从生产领域直接进入消费领域，就必然要经过储存这一环节。

存储设备是用于储存、保管和养护作业的设备。这里简要介绍货架、托盘、集装箱、手持终端这四种常见的存储设备。

二、主要的存储设备有哪些

1. 货架

国家标准《物流术语》对货架（Good Shelf）的定义是：用立柱、隔板或横梁组成的立体储存物品的设施。在仓库设备中，货架是指专门用于存放成件物品的保管设备。

随着现代工业的迅猛发展，物流量的大幅度增加，为实现仓库的现代化管理，改善仓库的功能，不仅要求货架数量多，而且要求货架具有多功能，并能满足机械化、自动化的要求。

根据仓库内的布置方式不同，可采用组合式货架或整体式货架。但因整体式货架的制造成本较高，不便于货架的组合变化，因此较少采用。

2. 托盘

国家标准《物流术语》对托盘（Pallet）（见图 2-5）的定义是：在运输、搬运和存储过程中，将物品规整为货物单元时，作为承载面并包括承载面上辅助结构件的装置。托盘是物流领域中随着装卸机械化而发展起来的一种常用器具，在应用过程中又进一步发展成为一种存储设备。

在运输、搬运和存储过程中可将货物按一定的数量组合放置于托盘上，托盘有供叉车从下部叉入并托起的叉入口。叉车与托盘的配合使用，形成的有效装卸系统大大促进了装卸活动的发展。可以说，托盘的出现有效地促进了全物流过程水平的提高。

图 2-5　托盘

托盘现已广泛应用于生产、运输、仓储和流通等领域，被认为是 20 世纪物流产业中两大关键性创新之一。托盘给现代物流业带来的效益主要体现在：实现物品包装的单元化、规范化和标准化，保护物品，方便物流和商流。

3. 集装箱

国家标准《物流术语》对集装箱的定义是：有足够的强度，可长期反复使用的、适于多种运输工具且容积在 $1m^3$ 以上（含 $1m^3$）的集装单元器具。

4. 手持终端设备

手持终端设备是指具有以下几种特性的便于携带的数据处理终端：

（1）具有数据存储及计算能力。

（2）可进行二次开发。

（3）能与其他设备进行数据通信。

（4）有人机界面，具体而言要有显示和输入功能。

（5）电池供电。

手持终端设备常见的有 PDA（见图 2-6）、手机、智能手机、条码数据采集器、手持 IC 卡数据终端、手持指纹采集终端、抄表机等。

在仓储存储中，主要运用到的是 PDA 和条码数据采集器。PDA 又称为掌上电脑，它在物流中的应用是现代物流发展的要求，其技术同自动识别技术、无线通信技术和数据库技术的集成一体化，是现代物流信息自动获取和实现传输的重要发展方向。

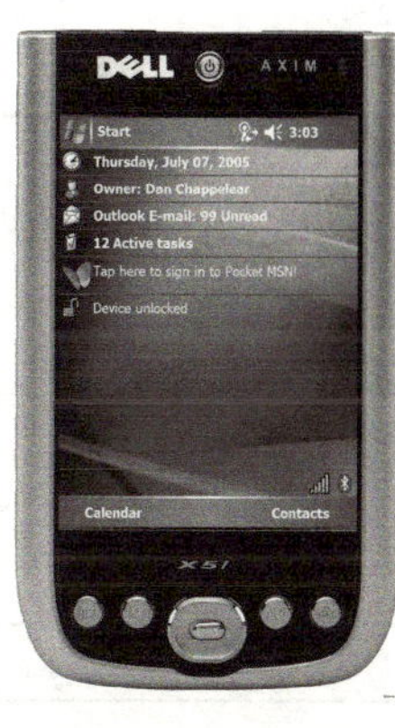

图 2-6　PDA

任务实施

作业一

识别图片中的设备

图 2-1:　　　　　　图 2-2:

图 2-3:　　　　　　图 2-4:

作业二

小组模拟面试

（1）每四人一组，成立一个团队，每组推选一名组长。

（2）面试中共有四种设备，组长将这四种设备分别分配给组内的四位成员（包括组长），每位成员模拟小明在仓储中心面试时的场景，对分配到的设备进行详细的介绍。

（3）组员查找相关知识，整理材料，准备讲解。

（4）模拟面试，四位组员对分配到的设备进行讲解，一位成员介绍时另外三位成员充当“仓储中心主管”，需认真倾听，并将其发言做好记录，填至表 2-1。

（5）每位组员发言结束后，组长带领组员对讲解的内容进行简要评价，并将大家的评价、意见记录在表 2-1 中。

表 2-1　作业表格

<table>
<tr><td>班　级</td><td colspan="2"></td><td>组　长</td><td></td><td rowspan="2">评价记录</td></tr>
<tr><td>小组成员</td><td></td><td></td><td></td><td></td></tr>
<tr><td>图 2-1
介绍人：________</td><td colspan="4">设备名称：________</td><td></td></tr>
<tr><td>图 2-2
介绍人：________</td><td colspan="4">设备名称：________</td><td></td></tr>
<tr><td>图 2-3
介绍人：________</td><td colspan="4">设备名称：________</td><td></td></tr>
<tr><td>图 2-4
介绍人：________</td><td colspan="4">设备名称：________</td><td></td></tr>
</table>

任务巩固

通过网络查找、书籍资料翻阅或仓储中心现场调查，寻找本节任务中没有提到的存储设备，填写表 2-2。

表 2-2　其他存储设备

设备名称	设备功能	设备特点

任务二　初识装卸搬运设备

任务描述

小明顺利通过了第一轮的面试，仓储中心主管带他走进仓储中心的一个仓库，想对小明进行第二轮的考查。

小明发现，虽然通达仓储中心规模较大，但整个仓储中心还停留在传统仓储的阶段，货物的装卸搬运大多使用原始的人力搬运，效率低，速度慢，劳动成本又高，于是他向仓储中心主管指出了他发现的这个问题，并提出了改进的建议——采用现代装卸搬运设备替代人力劳动。仓储中心主管非常赞同小明提出的建议，同时又针对这个建议进行了第二轮的考核。

问题一

采用装卸搬运设备来替代人力能大大提高效率，那什么是装卸搬运设备？

问题二

装卸搬运设备跟人力装卸搬运相比，有哪些优点？装卸搬运设备有什么作用？

问题三

常见装卸搬运设备有哪些？你能不能将这些装卸搬运设备分类？

知识准备

一、什么是装卸搬运设备

装卸搬运设备是指用来搬移、升降、装卸和短距离输送物料或货物的机械设备。它是仓储设备中重要的机械设备，既用于完成车辆货物的装卸，又用于完成库场货物的堆码、拆垛、运输，同时用于车内、库内货物的起重输送和搬运。

装卸搬运设备是实现装卸搬运作业机械化的基础。合理配置和应用装卸搬运设备，充分发挥装卸搬运设备的效能，安全、迅速、优质地完成货物装卸、搬运、堆码等作业任务，是实现装卸搬运机械化、提高物流现代化的一项重要内容。

二、装卸搬运设备有什么作用

大力推广和应用装卸搬运设备，不断更新装卸搬运设备和实现现代化管理，对于加快现代化物流发展，促进国民经济发展，均有着十分重要的作用。装卸搬运设备的具体作用体现在以下几方面：

1. 提高装卸搬运效率

传统的仓储活动仅靠人力进行装卸搬运，不仅加大了劳动量，增加了作业难度，而且延长了作业时间，无法进行有效的仓储管理。广泛运用装卸搬运设备，可节约劳动力，减轻装卸工人的劳动强度，提高装卸搬运效率。

2. 缩短作业时间

运用装卸搬运设备，可加速车辆周转，加快货物的送达和发出时间。

3. 提升装卸搬运质量

在仓储管理中，特别是长、大、笨重货物的装卸，依靠人力，不仅难以完成，还保证不了装卸质量，容易发生货物损坏或偏载，危及行车安全。采用装卸搬运设备作业，则可避免这种情况发生。

4. 降低作业成本

装卸搬运设备的运用大大提高了装卸搬运作业效率，而这将会降低每吨货物的作业费用，从而使作业成本降低。

5. 有效安排仓储空间

采用装卸搬运设备作业，可以减少货物堆码的场地面积，堆码高且装卸搬运速度快，不仅能充分利用货位，加速货位周转速度，而且能及时腾空货位，减少占用仓储空间。

随着现代物流业的不断发展，装卸搬运设备将得到更为广泛的应用。从装卸搬运设备发展的趋势来看，发展多类型、专用装卸搬运设备来适应货物的装卸搬运作业是今后装卸搬运设备的发展方向。

三、装卸搬运设备有哪些类型

装卸搬运设备所装卸搬运的货物，来源广，种类繁多，外形和特点各不相同，如箱装货物、袋装货物、桶装货物、散货、易燃易爆品及剧毒品等。为了适应各类货物的装卸搬运和满足装卸搬运过程中各个环节的不同要求，各种装卸搬运设备应运而生。

装卸搬运设备种类很多，分类方法也很多，为了运用和管理方便，常按以下方法进行分类。

1. 按主要用途或结构特征进行分类

装卸搬运设备按主要用途或结构特征进行分类，可分为装卸起重机械、连续输送机械、装卸搬运车辆、专用装卸搬运设备。其中，专用装卸搬运设备是指带专用取物装置的装卸搬运设备，如托盘专用装卸搬运设备（见图 2-7）、集装箱专用装卸搬运设备（见图 2-8）、船舶专用装卸搬运设备、分拣专用设备等。

图 2-7　托盘专用装卸搬运设备

图 2-8　集装箱专用装卸搬运设备

2. 按作业性质进行分类

装卸搬运设备按作业性质进行分类，可分为以下几种：

（1）装卸设备。它是指只具有装卸功能的机械设备，如手动葫芦（见图 2-9）、固定式起重机等。这种单一作业功能的设备结构简单，专业化作业能力较强，因而作业效率高，作业成本低。不过，由于其功能单一，作业前后需要烦琐的衔接，会降低整个系统的效率，使用上有局限性。

（2）搬运设备。它是指只具有搬运功能的机械设备，如各种搬运车、带式输送机（见图 2-10）等。

图 2-9　手动葫芦

图 2-10　带式输送机

（3）装卸搬运设备。它是指装卸、搬运两种功能兼具的机械设备，如叉车、跨运车（见图 2-11）、龙门起重机（见图 2-12）、气力装卸输送机械等。这种设备将两种作业操作合二为一，因而有较好的效果。为了便于学习，本书把装卸搬运设备中的叉车单独作为一个模块进行介绍。

图 2-11　跨运车

图 2-12　龙门起重机

3．按装卸搬运货物的种类进行分类

装卸搬运设备按装卸搬运货物的种类进行分类，可分为以下几种：

（1）长大笨重货物的装卸搬运设备。长大笨重货物通常指大型机电设备、各种钢材、大型原木、混凝土构件等，具有长、大、重、结构和形状复杂的特点。

长大笨重货物的装卸搬运通常采用轨行式起重机和自行式起重机两种。轨行式起重机有龙门起重机、桥式起重机、轨道起重机（见图 2-13）；自行式起重机有汽车起重机（见图 2-14）、轮胎起重机和履带式起重机（见图 2-15）等。在长大笨重货物运量较大并且货流稳定的货场、仓库，一般配备轨行式起重机；在运量不大或作业地点经常变化时，一般配备自行式起重机。

（2）散装货物的装卸搬运设备。散装货物通常是指成堆搬运不计件的货物，如煤、焦炭、沙子、白灰、矿石等。

散装货物的装车一般采用抓斗起重机（见图 2-16）、装卸机、链斗装车机和输送机等。散装货物的卸车主要用链斗式卸车机、螺旋式卸车机和抓斗起重机等。散装货物的搬运主要使用输送机。

图 2-13 轨道起重机

图 2-14 汽车起重机

图 2-15 履带起重机

图 2-16 抓斗起重机

（3）成件包装货物的装卸搬运设备。成件包装货物一般是指怕湿、怕晒，需要在仓库内存放并且多用棚车装运的货物，如日用百货、五金器材等。

成件包装货物包装方式很多，主要有箱装、筐装、桶装、袋装、捆装等。该类货物一般采用叉车，并配以托盘进行装卸搬运作业，还可以使用牵引车和挂车、带式输送机等。

（4）集装箱货物装卸搬运设备。1t 集装箱一般选用 1t 内燃机叉车或电动叉车作业，5t 及其以上集装箱采用龙门起重机或旋转起重机进行装卸作业。另外，还可采用叉车、集装箱跨运车、集装箱牵引车、集装箱搬运车等。

四、装卸搬运设备有哪些特点

装卸搬运作业要求装卸搬运设备结构简单牢固，作业稳定，造价低廉，易于维修保养，操作灵活方便，生产率高，安全可靠，能最大限度地发挥其工作能力。

装卸搬运设备的性能和作业效率对整个物流的作业效率影响较大，其主要工作特点如下：

1. 适应性强

装卸搬运作业受货物品种、作业时间、作业环境等影响较大，装卸搬运作业各具特点，因而要求装卸搬运设备具有较强适应性，能在各种环境下正常工作。

2. 工作能力强

装卸搬运设备起重能力大，起重量范围大，生产作业效率高，具有很强的装卸搬运作业能力。

3. 机动性较差

大部分装卸搬运设备都在设施内完成装卸搬运任务，只有个别装卸搬运设备可在设施外作业。

4. 工作忙闲不均

仓储管理中，不同货物的运作对设备的选择也不同，这就导致了有的装卸搬运设备工作繁忙，而有些装卸搬运设备长期闲置。但是无论哪一种情况，都必须加强检查和维护，保证装卸搬运设备处于良好的技术状态。

任务实施

第一步骤：组队

（1）四人一组，成立一个团队。

（2）每组推选一名组长，由组长分配任务。

第二步骤：讨论

（1）组员们查找问题中的相关资料。

（2）组员逐一讨论三个问题，记录人员记录好每位成员的发言。

第三步骤：填表

（1）记录人员将本组同学的发言归纳整理，填好表 2-3。

（2）组长对组员的表现进行简要评价。

第四步骤：展示

每一组由组长扮演仓储中心主管，其他三位成员每人选择一个问题，进行现场面试问答。

第五步骤：评价

教师对学生的行为进行点评和对知识内容进行总结。

表 2-3 作业表格

班 级			组 长	
小组成员				
问题一：什么是装卸搬运设备？				
问题二：与人力装卸搬运相比，装卸搬运设备有哪些优点？它有哪些作用？				
问题三：请将常见装卸搬运设备分类。				
组长对组员表现的总结				

任务巩固

利用学校的实训设备（或者走进物流中心和各大企业），识别和使用各种仓储装卸搬运设备，感受装卸搬运设备的现代化与专业化。

任务三　初识其他仓储设备

任务描述

通过两轮的面试，仓储中心主管对小明的表现非常满意，决定让小明先在通达仓储中心实习一个月，考察小明在一个月中的实习表现，再决定是否录用。

在上一个任务中，我们已经了解通达仓储中心规模虽大，但整个仓储中心还停留在传统仓储的阶段，仓库中除了货架、托盘和常用的装卸搬运设备之外没有其他的设备。通达仓储中心想不断扩大自己的业务，就要顺应市场需求使仓储中心往现代化、技术化、合理化的方向发展，因此必须购置齐全的仓储设备，以便更有效地进行仓储管理。

仓储中心主管通过对小明的两轮面试了解到小明的专业知识丰富，于是决定让小明对仓储中心的设备购置进行规划，并根据通达仓储中心的实际情况罗列出需要配置的仓储设备清单。

知识准备

仓储设备的配置是仓储与物流技术水平高低的主要标志，现代仓储设备体现了现代仓储与物流技术的发展。在仓库运作中，除了需要存储设备、装卸搬运设备之外，还需要许多其他的辅助设备，这些设备在仓储作业中同样起着重要作用。

以下将介绍除了仓储存储设备、装卸搬运设备之外的另外四种设备：包装设备、计量检验设备、仓储安全设备、仓库养护设备。

一、什么是包装设备

产品包装处于生产过程的末尾和物流过程的开端，是产品进入流通领域的必要条件，而实现包装的主要手段是使用包装设备。

包装设备是指完成全部或部分包装过程的机器设备，是使产品包装实现机械化、自动化的根本保证。包装过程包括充填、裹包、封口等主要工序，以及与其相关的前后工序，如清洗、堆码和拆卸等。

常见的包装设备有：打包机（见图 2-17）、捆扎机、纸箱成型机、开箱机、贴标机（见图 2-18）、封箱机、缠绕机、裹包机、堆码机、装箱机、真空包装机（见图 2-19）等。

图 2-17　打包机

图 2-18　贴标机

图 2-19　真空包装机

二、什么是计量检验设备

计量检验设备是商品在入库验收、在库验查和出库交接过程中使用的度量衡称量设备和量具及检验商品的各种仪器仪表。计量检验设备可分为计量设备和检验设备。

计量设备是利用机械原理或者电测原理对物品的重量、长度、数量、容积等量值进行度量的器材、仪器的总称。由于仓储作业需要在仓库中使用的计量装置很多，如入库作业需要获得货物重量、数量等参数，因此计量设备在仓储作业中具有非常重要的作用。随着仓储管理现代化水平的提高，现代化的自动计量设备将会更多地得到应用。

常见的计量设备有地重衡、轨道衡、磅秤（见图 2-20）、汽车磅秤以及自动称量装置、直尺、卷尺、卡钳线规、游标卡尺和千分尺等。

图 2-20　磅秤

检验设备有测湿仪、拉力机、显微镜、原子吸收分光光度计、硅钢片测试仪和光学分析仪器。

三、什么是仓储安全设备

仓库是物资的聚集地，又是仓储作业的劳动场所，具有较多的机械与设备。因此，按照科学方法，采用相应的技术措施，防止事故发生，确保人员、设备和物资安全，对避免人民生命财产遭受损失，保证物资周转和供应工作的顺利进行，有十分重要的意义。仓库的安全防范问题主要有防盗、防鼠、防潮、防火、防货堆倒塌等几个方面。

仓储消防安全对仓储管理工作十分重要，仓储消防安全管理必须建立在广泛的群众基础上，采取各种方法，提高群众的消防意识和防灾抗灾的能力。对于消防的基本措施，要根据科学原理和实践经验，可以采取控制可燃物、消除火源、阻止火势蔓延等措施。主要的消防安全设备有灭火器（见图 2-21）、消火栓、火灾自动报警设备、自动喷水灭火系统等。

仓库物资安全，除消防安全外，防盗窃和防破坏也很重要，为此还需配置防盗报警系统，包括各类传感器、报警器、闭路电视等。

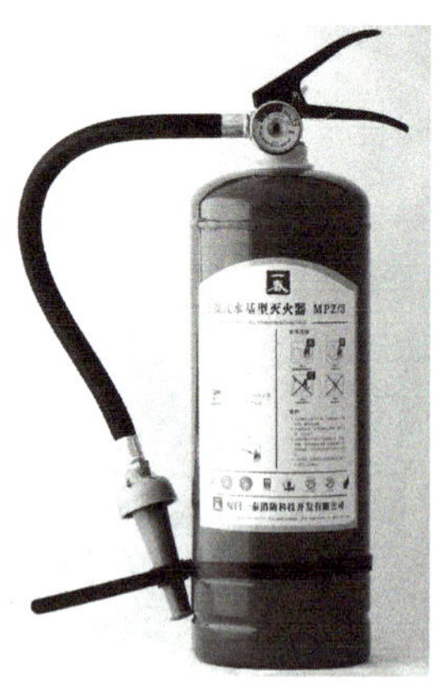

图 2-21　灭火器

小贴士

仓库安全管理制度

仓库的安全防范问题就是防盗、防鼠、防潮、防火、防货堆倒塌等几个方面。对于副食调味品，还要注意防止产品之间的串味、霉烂质变等，并要做到对部分产品的保质期进行定期监控。

（1）承租单位严禁在承租区内设置危险品仓库。仓库应符合安全生产、消防安全有关规定，并配齐消防设施，制定管理制度，严格管理，落实责任。

（2）承租单位因生产需要设置仓库而改变房屋、场地结构和使用性质，必须事先取得出租单位书面同意。对可燃物品仓库，应经地区消防部门批准同意。

（3）承租单位因生产需要使用的涂料（颜料）、有机溶剂等化学危险品必须按规定单独存放，不得与其他物品混放。

（4）仓库内严禁超重、超高堆放物品，应严格按照仓库的安全五距要求堆放（墙距、堆距、柱距、灯距、顶距），不得违章作业。

（5）仓库内灯具应符合消防安全要求。

四、什么是仓库养护设备

影响库存物资储存的因素多种多样，为了使仓库内的温湿度条件符合物资养护条件标准，需要设置各种不同的通风设备、除湿设备等仓库养护设备。

仓库养护的目的是为了保证商品的质量不发生变化，为此要根据商品的性能，关注每种商品养护的注意事项。在商品养护中，首先要加强仓库温度和湿度的管理，其次要进行合理堆垛，并要定期进行商品的在库检查，同时加强仓库的卫生管理。

仓库养护要有必要的养护设备，主要的养护设备有通风系统和通风机、除湿设备、空气幕等。

任务实施

问题

请从以下六个方面出发，罗列出通达仓储中心可能需要的设备。

1. 存储设备：______
2. 装卸搬运设备：______
3. 计量检验设备：______
4. 安全设备：______
5. 养护设备：______
6. 其他设备：______

任务巩固

1. 请你利用课余时间走访物流中心和各大企业，深入了解企业实用的仓储设备，能识别企业中的常用仓储设备。

2. 挑选本任务中提到的一种仓储设备，通过网络查找或翻阅书籍资料，详细说说这种设备的功能、特点、种类。

考核与评价

项目实施评价表

考核项目	考核要求	配分	评分标准	得分		备注
				自评	师评	
存储设备	1. 能解释什么是存储设备 2. 说出教师提供的存储设备的图片名称及类别 3. 能对主要的存储设备进行简单的介绍	30	1. 不能解释什么是存储设备，扣10分 2. 不能说出教师提供的存储设备的图片名称及类别，每次扣3分 3. 不能对主要的存储设备进行简单的介绍，扣10分			
装卸搬运设备	1. 能解释什么是装卸搬运设备 2. 说出教师提供的装卸搬运设备的图片名称及类别 3. 能对主要的装卸搬运设备进行简单的介绍 4. 指出装卸搬运设备的作用和特点	40	1. 不能解释什么是装卸搬运设备，扣10分 2. 不能说出教师提供的装卸搬运设备的图片名称及类别，每次扣5分 3. 不能对主要的装卸搬运设备进行简单的介绍，扣10分 4. 不能说出装卸搬运设备的作用和特点，扣15分			
其他仓储设备	1. 能补充除了存储设备和装卸搬运设备之外的其他设备类型 2. 说出教师提供的其他仓储设备的图片名称及类别	30	1. 不能补充其他类型的仓储设备，扣10分 2. 不能说出教师提供的其他仓储设备的图片名称及类别，每次扣5分			
时间						
开始时间：		结束时间：		实际时间：		

模块二

存储设备

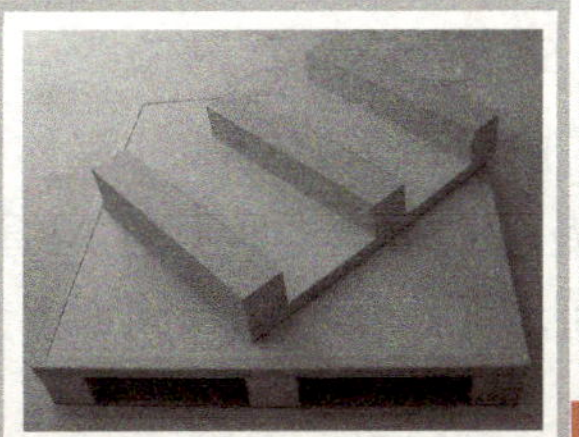

项目三　使用货架

学习目标

1. 了解货架的功能
2. 掌握货架的分类情况
3. 学会货架的使用和维护

项目概述

货架的种类繁多，使用的范围广泛，在商场、超市、图书馆，随处可见。但很少有人能从专业角度认识货架。随着现代物流业的迅猛发展，为实现仓库的现代化管理，提高仓库管理效益，不同的应用领域需要不同种类、不同材质、不同规格的货架，并在一定程度上要求货架能与其他仓储设备配套使用，从而实现仓储管理的机械化、自动化。

任务一　认识货架

任务描述

至高货架有限公司是华东地区一家大型货架生产企业，该公司技术全面，设备先进，专业制造仓储货架。多年来，该公司狠抓产品质量，重视售后服务，公司不断发展壮大，目前已在多个地区开设分部，销售网络覆盖北京、上海，广东、浙江、福建，以及马来西亚、新加坡等地。至高货架有限公司的产品被广泛应用于仓储物流、商场超市、工业制造、五金产品、商品展览等各个方面。该公司能根据客户的要求生产不同类型、不同规格的货架，产品深受客户的欢迎。最近该公司新招聘了一批业务员，负责公司货架的销售业务，现在公司要求每个业务员必须在一段时间内整理出不同类型货架的图片，汇集成货架图片文件夹。假如你是该公司的业务员，你能完成这个任务吗？

知识准备

一、什么是货架

货架是用立柱、隔板或横梁组成的立体储存物品的设施。

当节约成本、提高效率这些现代化的管理理念成为管理者们首要考虑的因素时，如何有效地利用仓库空间，提高仓库的利用率，对货架提出了更高的要求。

二、货架有哪些功能

货架的种类、功能直接决定着仓库能否实现现代化的管理。货架的功能有如下几方面：

（1）货架可充分利用仓库空间，提高库容利用率，扩大仓库储存能力。

（2）利用货架进行货位管理，对储存货物进行分类管理，可提高仓储管理效率。

（3）货架中的货物互不挤压，减少货物在储存环节中可能的损失，提高物资存储质量。

（4）方便货物的存取，便于清点及计量，可做到先进先出。

（5）有利于实现仓库的机械化及自动化管理，满足现代化企业低成本、低损耗、高效率的管理需要。

三、货架有哪些种类

货架的分类见表 3-1。

表 3-1　货架的分类

分类依据	货架名称
货架的适用性	通用货架。通用货架是指普遍使用的货架 专用货架。专用货架是指专门用来存放特定种类货物的货架，如超市货架、汽车专用货架等
货架制造材料	钢货架、木制货架、钢木合制货架等
货架封闭程度	敞开式货架、半封闭式货架、封闭式货架等
货架载货方式	悬臂式货架、橱柜式货架、棚板式货架
货架结构特点	层架、层格架、橱架、抽屉架、悬臂架、三角架、栅型架等
货架的可动性	固定式货架、移动式货架、旋转式货架、组合货架、可调式货架、流动储存货架等
货架的构造	可拆卸式货架和固定式货架
货架高度	低层货架（高度在 5m 以下） 中层货架（高度在 5 ～ 15m） 高层货架（高度在 15m 以上）
货架重量	重型货架（每层货架载重量在 500kg 以上） 中型货架（每层货架载重量在 150 ～ 500kg） 轻型货架（每层货架载重量在 150kg 以下）
货架的发展	传统货架。它包括层架、层格式货架、抽屉式货架、橱柜式货架、U 形架、悬臂架、栅架、轮胎专用货架等 新型货架。它包括旋转式货架、移动式货架、装配式货架、托盘货架、高层货架、阁楼式货架、重力式货架、屏挂式货架等

任务实施

四个人为一小组，然后选出组长，由组长分配任务，组员通过网络资料、图书文献资料等多种手段和途径寻找图片，并把图片汇集成一个文件夹。每小组派代表展示制作完成的图片并针对图片对货架进行介绍。

任务巩固

实地调研本地仓储企业，参观仓储企业、超市等，指出不同货物选用的货架，完成表 3-2。

表 3-2 作业表格

企业名称	地址	使用货架

任务二 使用常用货架

任务描述

进入至高货架有限公司以后，作为一名销售业务员，你凭着自己辛勤的劳动和认真的工作赢得了公司老总和其他员工的一致赞赏。不久之前你收到传真，长江三角洲地区的一家大型仓储企业新建了若干个大型仓库，需要购买一批货架，要求你能到他们公司接洽商谈这笔业务，并希望能介绍几种常用货架的使用注意事项。两天后你将坐火车到这家大型仓储企业去，你做好准备了吗？

知识准备

一、什么是托盘货架

托盘货架（见图 3-1）又称横梁式货架或货位式货架。此种货架系统空间利用率高，存取灵活方便，辅以计算机管理或控制，基本能满足现代化物流系统的要求。托盘货架在国内的各种仓储货架系统中最为常见，广泛应用于制造业、第三方物流和配送中心等领域。它既适用于多品种小批量物品，又适用于少品种大批量物品。托盘货架能保证流畅的库存周转，提高平均的取货率，提供优质的产品保护，但其为了存取方便，设计的巷道比较多，所以仓库的地面利用率相对偏低。

图 3-1 托盘货架

在选用托盘货架时，应考虑存储单元的尺寸、重量和堆放层数，以便确定支柱和横梁的尺寸。首先须进行集装单元化工作，即根据货物包装及其重量等特性进行组盘，确定托盘的类型、规格，以及单托载重量（单托货物重量一般在 2 000kg 以内）和堆高，然后由此确定单元货架的跨度、深度、层间距，根据仓库屋架下沿的有效高度和叉车的最大叉高决定货架的高度。单元货架跨度一般在 4m 以内，深度在 1.5m 以内，低、高位货架仓库高度一般在 12m 以内，超高位仓库货架高度一般在 30m 以内。为了存取方便，要求托盘与支柱及托盘间的间隙要大于 100mm，货物与横梁的间隔在 80 ～ 100mm。叉车顶的最大高度要超过货架上层横梁 200cm 以上，叉车顶的最大高度与天花板最少有 20cm 的间隙。货架的承载能力取决于下层货架的负荷能力。为了增加横梁刚性，每隔一定距离要安装 1 根支撑梁。

二、什么是贯通式货架

贯通式货架（见图 3-2）也称驶入式货架，是一种不以通道分割，连续的整体性货架。由于其存储密度大，对地面空间利用率较高，常用于冷库、食品、烟草等存储空间成本较高的仓库。贯通式货架适用于储存品种少、批量大，对货物拣选要求不高的货物存储。货物存储通道为叉车储运通道，是存储密度较高的一类货架。与托盘货架相比，贯通式货架的仓库利用率可达到 80% 左右，仓库空间利用率可提高 30% 以上，是存储效率最高的货架。

贯通式货架有 4 个基本组成部分：框架、导轨支撑、托盘导轨和斜拉杆（见图 3-3）。在支撑导轨上，托盘按深度方向存放，一个紧接着一个，货物存取从货架同一侧进出，先存后取、后存先取，平衡重式及前移式叉车可方便地驶入货架中间存取货物。贯通式货架为全插接组装式结构，柱片为装配式结构，靠墙区域的货架总深度一般最好控制在 5 个托盘深度以内，中间区域可两边进出的货架总深度一般最好控制在 10 个托盘深度以内，以提高叉车存取的效率和可靠性。

图 3-2　贯通式货架

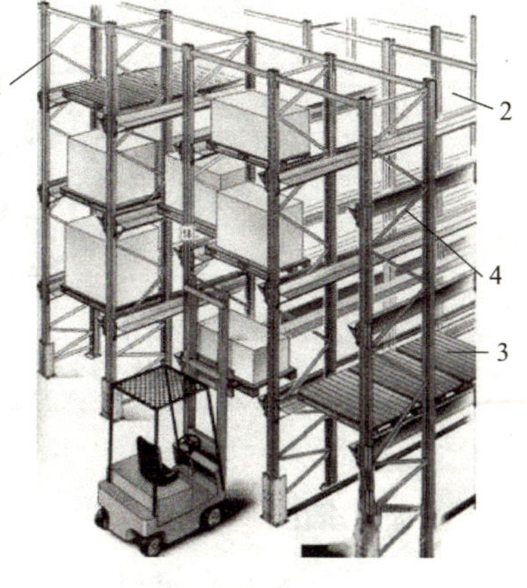

图 3-3　贯通式货架构造图

1—框架 2—导轨支撑 3—托盘导轨 4—斜拉杆

贯通式货架的稳定性是所有货架种类中较为薄弱的，因此货架不宜过高，一般在 10m 以内，另外还需加设拉固装置。贯通式货架以 4 层 3 ～ 5 列为宜，最高可达 10m，不宜存储太长太重的物品。货品与悬臂的间隙不小于150mm，托盘与支柱的间隙不小于80mm，托盘与悬臂搭载宽度等于托盘与支柱的间隙加50mm，悬臂长度等于托盘与支柱的间隙加上托盘与悬臂搭载宽度。使用时应注意以下事项：

（1）了解托盘尺寸、进叉方向、托盘承载力、每个托盘位需要存储货物的最大重量。

（2）掌握仓库尺寸、高度、消火栓位置、出入口位置等。

（3）知晓叉车综合数据、最大举高、最大称重量、叉车宽度等。

三、什么是重力式货架

重力式货架（见图3-4、图3-5）又称流动性货架，是一种利用货物的自身重量来实现存储深度方向上货物移动的存储系统。重力式货架适合大量货物的短期存放和拣选，广泛应用于配送中心、装配车间以及出货频率较高的仓库。重力式货架的作业方式见图3-6。

图3-4　重力式货架

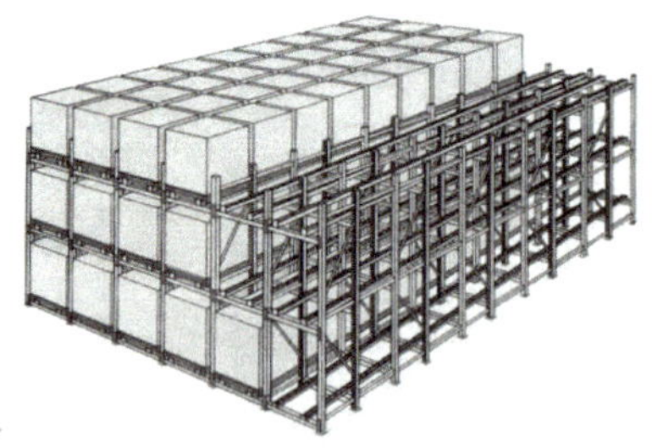

图3-5　重力式货架构造图

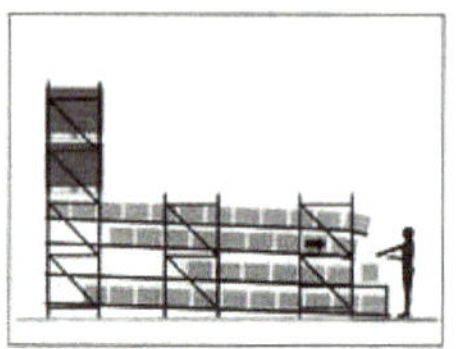
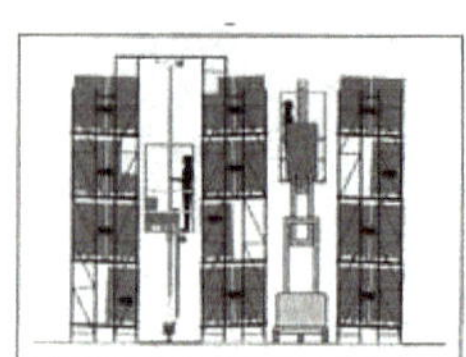
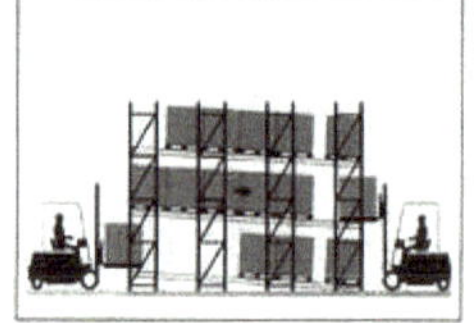

图3-6　重力式货架的作业方式

重力式货架的一侧作为存放用，另一侧通道作为取货用，货物放在滚轮上。货架向取货方向稍倾斜一个角度。这个倾斜角的大小可根据实际情况来确定。重力式货架主要具有以下特点：

（1）重力式货架属于密集型货架的一种，能够大规模密集存储货物。

（2）采用重力式货架存储方式，固定了出入库位置，同时减少了出入库工具的运行距离。

（3）采用重力式货架存储，由于入库作业和出库作业完全分离，两种作业均可向专业化、高效率方向发展，而且在货物出入库时，运行工具不互相交叉、干扰，这样大大降低了事故，提高了作业效率。

（4）重力式货架的层高是可根据需要调整的，配以各种型号叉车或堆垛机等搬运工具，能实现各种托盘的快捷存取。

相对于普通托盘货架而言，重力式货架不需要操作通道，在货架每层的通道上，都安装有一定坡度的、带有轨道的导轨，入库的单元货物在重力的作用下，由入库端流向出库端。这样的仓库，在排与排之间没有作业通道，大大提高了仓库面积利用率。但使用时，最好同一排、同一层上的货物，应为相同的货物或一次同时入库和出库的货物。同时，货架导轨长度不宜过长，否则不可利用的上下“死角”会较大，影响空间利用，且坡道过长，下滑的可控性会较差，下滑的冲力较大，易引起下滑不畅，从而引起托盘货物的倾翻。此类货架不宜过高，一般在6m以内，单托货物重量一般在1 000kg以内，否则其可靠性和可操作性会降低。

四、什么是阁楼式货架

阁楼式货架（见图3-7、图3-8）主要适用于场地有限，货物品种多、数量少的情况，其底层货架不但用于保管物料，同时当做支撑上层建筑的承重梁，使得承重梁的跨度大大减少，建筑费用也大大降低。底层货架可采用中型货架、重型货架等多种货架，配有楼梯、护栏及电动升降平台等辅助设施，方便作业。阁楼式货架也适用于现有旧仓库的技术改造，通过合理的改建，可以大大提高仓库的空间利用率。

阁楼式货架一般采用全组合式结构，立体感强，采用优质碳素结构钢制造，造价低、施工快。根据实际场地需要，也可灵活设计成二层或多层阁楼。在阁楼上面可用轻型小车或托盘搬运车对货物进行存放和堆码。

图3-7　阁楼式货架

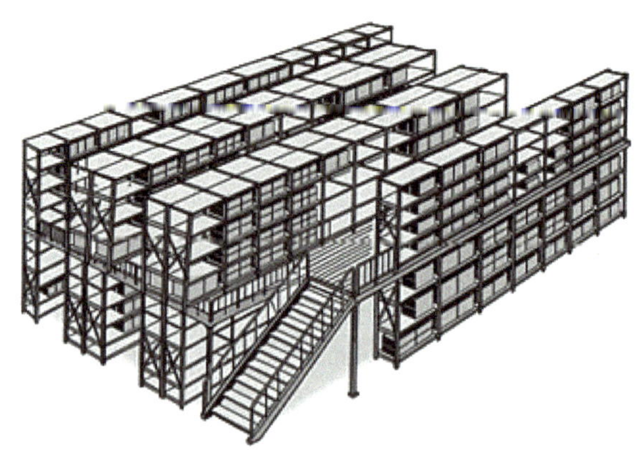

图 3-8　阁楼式货架构造图

阁楼式货架的特点主要有：

（1）阁楼式货架可以提升货架高度，充分利用仓库高度，更好地利用仓库空间。

（2）阁楼式货架设计美观，结构大方，安装、拆卸方便，同时可根据实地灵活设计。

（3）阁楼式货架适合存储多种类型物品。

任务实施

请根据所学知识完成表 3-3 中三种常用货架的使用注意事项。

表 3-3　作业表格

托盘货架	贯通式货架	重力式货架
使用注意事项：	使用注意事项：	使用注意事项：

任务巩固

1．托盘货架又称________或________，广泛应用于________、________和________等领域。

2．贯通式货架，也称________，是一种不以通道分割，连续的整体性货架。常用于________、________、________等存储空间成本较高的仓库。

3．重力式货架又称________，是一种利用货物的________来实现存储深度方向上货物移动的存储系统。它广泛应用于配送中心、________以及________的仓库。

4．阁楼式货架的特点主要有：

①____

②____

③____

④____

任务三　熟悉其他货架

任务描述

至高货架有限公司与新华物流有限公司一直有着业务上的来往，双方合作多年。专业从事仓储业务的新华物流有限公司在不久前新招聘了一批员工，现在需要对这批员工进行工作培训，培训的内容主要包括货架的适用范围。新华物流有限公司致电至高货架有限公司，希望作为货架的现供应商，至高货架有限公司能派一名业务员到新华物流对这批员工针对货架的认知作一个简单的介绍。

知识准备

一、什么是悬臂式货架

悬臂式货架（见图 3-9）是货架中重要的一种，是由在立柱上装设悬臂构成的。悬臂式货架的立柱多采用 H 型钢或冷轧型钢。悬臂则采用方管、冷轧型钢或 H 型钢。悬臂可以是单面或双面，同时悬臂可以是固定的，也可以是移动的。悬臂与立柱间采用插接式或螺栓连接式，底座与立柱间采用螺栓连接式。悬臂式货架具有结构稳定、载重能力好、空间利用率高等特点。

图 3-9　悬臂式货架

悬臂式货架高度通常在 2.5m 以内（如由叉车存取货则可高达 6m），悬臂长度在 1.5m 以内，每臂载重通常在 1 000kg 以内。其前伸的悬臂结构轻巧，载重能力好，并且存放不规则的或是长度较为特殊的物料，能大幅提高仓库的利用率和工作的效率。在悬臂式上加搁板后，悬臂式货架特别适合空间小、高度低的库房，其管理方便，视野宽阔，与普通搁板式货架相比，利用率更高。

悬臂式货架常规规格尺寸（见表 3-4），此类货架多用于机械制造行业和建材超市等。

表 3-4 悬臂式货架常规规格尺寸

立柱规格 /mm	立柱高度 /mm	悬臂长度 /mm
100×50	1 500	300
	2 000	400
	2 500	500
	3 000	600
200×60	3 500	700
	4 000	800
300×90	4 500	900
	5 000	1 000
	5 000	1 100
	5 000	1 200

二、什么是堆叠式货架

堆叠式货架（见图 3-10）可当做存放容器随叉车搬运，不使用时可叠放，节省空间。当存放货物时，可相互叠放避免物品压损，高度可达 4 层。堆叠式货架的特点有：

（1）同时当货架和容器使用。

（2）价格低，维修成本低。

（3）叠放高度有限，太高易倒。

（4）适用于不规则物品和易碎物品。

图 3-10 堆叠式货架

三、什么是后推式货架

后推式货架（见图 3-11）又称压入式货架，是一种由托盘小车等典型结构件组成的货架。其工作原理是在前后梁间以多层托盘车重叠相接，从外侧将叠栈货物置于台车推入，后储存的货品会将原先货品推往里面，托盘车具有可流动特性，货物被规定于货架的一端进出，并遵循先进后出顺序（见图 3-12）。储运货物时，叉车只位于货架通道水平较低的一端作业，无须进入货架货物存储通道。此类货架具有存储密度高、储运速度快的典型特征。通常用于存储场地极其有限，但必须增加存储容量或对储存有时间要求等对货物拣选要求不高的场合。

图 3-11　后推式货架

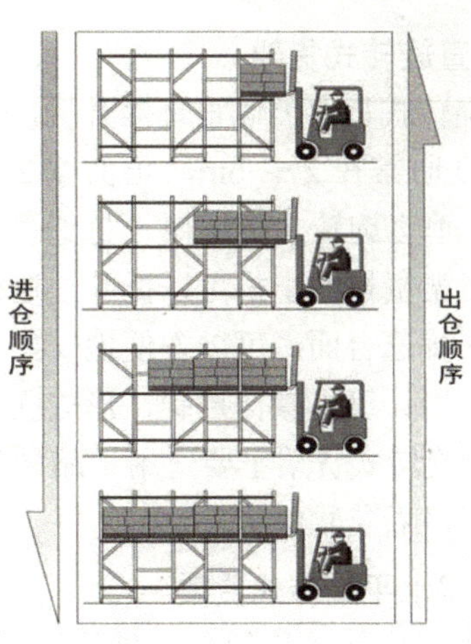

图 3-12　后推式货架作业图

四、什么是旋转式货架

旋转式货架是货架内部设有电力驱动装置，可以通过开关控制货架按一定方向旋转的特殊货架。在存取货物时，只要在控制按钮处输入货物所在货格编号，该货格便以最近的距离自动旋转至拣货点停止。旋转式货架转动，拣货线路简捷，拣货效率高，拣货时不容易出现差错。根据旋转方式不同，旋转式货架可分为水平旋转式货架（见图 3-13）、垂直旋转式货架（见图 3-14）、多层水平旋转式货架三种。

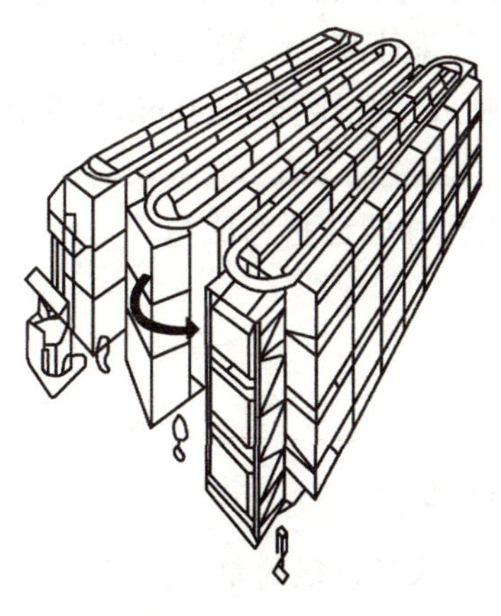

图 3-13　水平旋转式货架

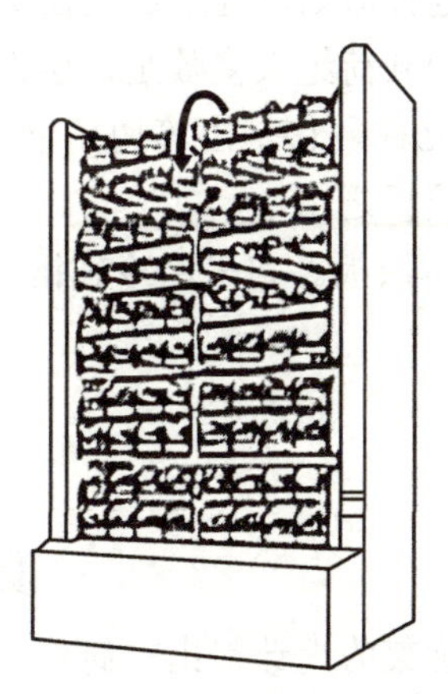

图 3-14　垂直旋转式货架

1. 水平旋转式货架

这种货架由多排货架连接，每排货架又有多层货格，货架作整体水平旋转，每旋转一次，使有一排货架达到拣货面，可对这一排进行拣货。这种货架每排可放置同种物品，也可以一排货架不同货格放置互相配套的物品，一次拣选可在一排上将相关的物品拣出。这种货架还可做小型分货式货架，每排不同的货格放置同种货物，旋转到拣选面后，将货物按各用户分货要求分放到指定货位。水平旋转式货架主要是拣选型，也可以看成是拣选分货一体化货架。

2. 垂直旋转式货架

垂直旋转式货架类似垂直提升机，在两端悬挂有成排的货格，货架可正转，也可以反转。货架的高度通常在 2 ～ 6m，正面宽 2m 左右，单元货位载重 100 ～ 400kg，回转速度 6m/min 左右。垂直旋转式货架属于拣选型货架，占地空间小，存放的品种多，最多可达 1 200 种左右。货架货格的小格可以拆除，这样可以灵活地存储各种尺寸的货物。在货架的正面及背面均设置拣选台面，可以方便地安排出入库作业。在旋转控制上用开关按钮即可轻松地操作，也可利用计算机操作控制，形成联动系统，将指令要求的货层经最短的路程送至要求的位置。垂直旋转式货架主要适用于品种多、拣选频率高的货物，如果取消货格，用支架代替，也可以用于成卷货物的存取。

3. 多层水平旋转式货架

多层水平旋转式货架是一种拣选型货架，这种货架每层都有各自的轨道，各层可以独立旋转，用计算机操作时，可以同时执行几个命令，使各层货物从近到远，有序地到达拣选地点，拣选效率很高。这种货架主要用于出入库频率高、多品种拣选的仓库中。多层水平旋转式货架的最佳长度为 10 ～ 20m，高度为 2 ～ 3.5m，单元货位载重会因为实际货架的结构和材质而不同。此外，多层水平旋转式货架的回转速度不宜太快，通常回转速度为 20 ～ 30m/min。

五、什么是轻型货架

轻型货架属于仓储货架的一种，是搁板货架类型。它是按货架的承载量来区分与命名的。按照这一划分原则，轻型货架在所有仓储货架中的承载量是较小的。通常货架承载小于 150kg/ 层（货架载荷绝大多数是以层为单位的承载量计算）。货架主要结构为：

（1）货架立柱。它是由等边角钢双边冲孔制成，孔距离以 50mm 距离沿直线排列，立柱孔用来挂接层板之用。

（2）货架钢层板。它采用冷轧钢板，按所需尺寸四边折弯成型。

小贴士

货架的总体维护

一般仓储货架的设计都比较简单，所以维护和保养也很简单。

（1）清洁。清洁对于一个货架来说非常重要，经常清洁会延长货架的寿命。货架的清洁不一定都是用水去洗，只要上面没有灰尘就可以，用水冲洗货架容易使货架表面氧化。

（2）整齐。工具、附件、工件（产品）要放置整齐，管道、线路要有条理，以免阻塞通道。

（3）安全。一定要记住货架的承重量，不要放超出承重量的货物，以免造成安全事故的发生。

任务实施

学习本任务知识，完成表 3-5。

表 3-5　作业表格

货架名称	适用货物

任务巩固

1. 悬臂式货架的高度通常在________m 以内（如由叉车存取货则可高达______m），悬臂长度在_____m 以内，每臂载重通常在________以内。根据承载能力可分为___________、___________、___________三种。此类货架多用于___________等。

2. ___________可当做存放容器随叉车搬运，不使用时可叠放，节省空间。当存放货物时，可相互叠放避免物品压损，高度可达_____层。

3. 后推式货架又称_____________，通常用于存储场地______________，但必须增加___________或对货物有___________要求等对货物拣选要求不高的场合使用。

4. 旋转式货架根据旋转方式不同，可分为______________、______________、___________三种。

5. 轻型货架属于仓储货架的一种，是___________类型。它是按货架的___________来区分与命名的。

考核与评价

项目实施评价表

考核项目	考核要求	配分	评分标准	得分		备注
				自评	师评	
定义解析	1. 能解释什么是货架 2. 正确分析货架的功能	40	1. 不能说出货架的定义，扣20分 2. 不能分析货架的功能，扣20分			
类型识别	1. 说出教师提供的货架图片名称及类别 2. 指出各类货架的作用和特点 3. 能对仓储设备进行全局性分类	60	1.不能说出货架图片的名称或类别，每次扣5分 2. 不能指出各类货架的特点和作用的，每处扣10分 3. 不能对仓储设备进行全局性的分类，扣20分			
时　　间						
开始时间：		结束时间：		实际时间：		

项目四　使用托盘

学习目标

1. 了解托盘的类型及性能特征
2. 熟悉托盘的标准
3. 掌握托盘的使用和维护要点

项目概述

托盘是在物流领域中为适应装卸机械化而发展起来的一种集装器具，现已广泛应用于生产、运输、仓储和流通等领域。托盘和叉车的共同使用所形成的有效装卸系统大大地促进了装卸活动的发展。随着装卸机械水平大幅度提高，也使长期以来在运输过程中的装卸瓶颈得以解决或改善。托盘的出现也促进了集装箱和其他集装方式的形成和发展，有效地促进了全物流过程水平的提高。

任务一　认识托盘

任务描述

现代制造业在生产、存储、运输过程中大多会使用到托盘，托盘将有助于提高企业的运营效率。不同企业会按照自己所储存商品的类型、作业方式选择相适应的托盘。新华物流有限公司的业务发展快速，现有仓库已经不能满足其业务的需要，于是公司在某地投资新建了大型仓库。目前仓库的各种设备、设施基本到位，但新进的这批员工对于托盘的了解甚少，现在需要对这批员工进行这方面的培训。请你针对托盘的分类标准与类型进行一次调查，然后做好对员工的培训工作。

知识准备

一、什么是托盘

托盘是在运输、搬运和存储过程中，将物品规整为货物单元时，作为承载面并包括承载面上辅助结构件的装置。

托盘给现代物流业带来的效益主要体现在：可以实现物品包装的单元化、规范化和标准化，保护物品，方便物流和商流。托盘包装在国际贸易中已经使用了很多年，被认为是经济效益较高的运输包装方法之一，它不仅可以简化包装，降低成本，使包装可靠，减少损失；而且易机械化，节省人力，实现高层码垛，充分利用空间。托盘有以下主要特点：

（1）自重量小。托盘自重量小，所以用于装卸、运输托盘本身所消耗的劳动较小，无效运输及装卸相比集装箱要小。

（2）装盘容易。不需像集装箱那样深入到箱体内部，装盘后可采用捆扎、紧包等技术处理，使用简便。

（3）返空容易。由于托盘造价不高，又很容易互相代用，互以对方托盘抵补，所以无须像集装箱那样有固定归属者，返空比集装箱容易。

（4）具有一定的装载量。装载量虽较集装箱小，但也能集中一定数量，比一般包装的组合量大得多。

（5）保护性差。保护性比集装箱差，露天存放困难，需要有仓库等配套设施。

二、托盘有哪些种类

1．以托盘制造材料分类

（1）木托盘。木托盘（见图 4-1）是以天然木板为原料制造的托盘。通过对木板进行干燥定型处理，减少水分，消除内应力，然后进行切割、刨光、断头、抽边、砂光等精整加工处理而形成型材板块，采用具有防脱功能的射钉（个别情况采用螺栓连接）将型材板块装订成半成品托盘，最后进行精整、防滑处理和封蜡处理。木托盘是现在使用最广的托盘。

图 4-1　木托盘

（2）塑料托盘。塑料托盘（见图 4-2）是以工业塑料为原材料制造的托盘。与木托盘相比，塑料托盘具有质轻、平稳、美观、整体性好、无钉无刺、无味无毒、耐酸、耐碱、耐腐蚀、易冲洗消毒、无静电火花、可回收等优点，使用寿命是木托盘的 5 ～ 7 倍，是现代化运输、包装、仓储的重要工具，是国际上规定的用于水产品、医药、化学品等行业存储的必备器材。

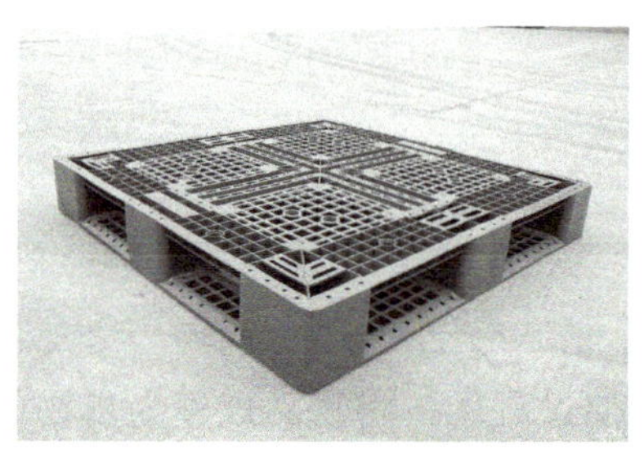

图 4-2　塑料托盘

（3）纸托盘。纸托盘（见图 4-3）是以纸浆、纸板为原料加工制造的托盘。纸托盘环保、美观、耐用，专用于出口到环保要求严格的欧美、日本等国家的货物。纸托盘广泛应用于各行业，随着整个国际市场对包装物环保要求的日益提高，它能达到快速商检通关以实现快速物流的要求。

图 4-3　纸托盘

（4）钢托盘。钢托盘（见图 4-4）有镀锌钢板或烤漆钢板，具有可以回收再利用、轻量化、防水防潮及防锈、使用灵活（四方向的插入设计，无形中提高空间利用和操作的方便性，而且其坚固的底板设计也符合输送滚输和自动包装系统使用）等特点。特别是用于出口时，它不需要熏蒸、高温消毒或者防腐处理。但相对于其他托盘，钢托盘价格昂贵。

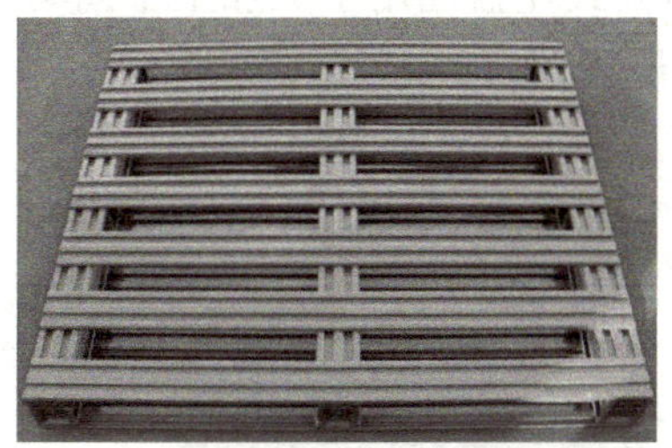

图 4-4　钢托盘

（5）复合材料托盘。复合材料托盘是以复合材料加工制造的托盘。复合材料托盘坚固结实、承重力强、外形美观，可以承载任何出口产品。其外观和性能大大优于过去曾大量使用的天然木质包装，有利于提高出口产品的档次，并且可以减少熏蒸商检等复杂的程序和手续，提高工作效率，促进外贸出口。它是目前出口包装物的最佳选择。

2．以托盘应用范围分类

（1）平托盘。在实际使用中，只要一提托盘，一般都是指平托盘（见图 4-5）。因为平托盘使用范围最广，使用数量最大，通用性最好。平托盘又可细分为三种类型。

图 4-5　平托盘

1）根据材料分类，平托盘主要有木制平托盘、钢制平托盘、塑料制平托盘、复合材料制平托盘以及纸制平托盘等。

2）根据台面分类，平托盘主要有单面形、单面使用型、双面使用型和翼型四种。

3）根据叉车叉入方式分类，平托盘主要有单向叉入型、双向叉入型、四向叉入型三种。

（2）柱式托盘。柱式托盘（见图 4-6）是在平托盘基础上发展起来的，其特点是在不压货物的情况下可进行码垛（一般为四层），多用于包装物料、棒料管材等的集装。柱式托盘，还可作为可移动的货架、货位，不用时还可叠套存放，节约空间。近年来，在国内外推广迅速。

图 4-6　柱式托盘

（3）箱式托盘。箱式托盘（见图 4-7、图 4-8）是在平托盘基础上发展起来的，多用于散件或散状物料的集装，金属箱式托盘还用于热加工车间集装热料。一般下部可叉装，上部可吊装，并可进行码垛（一般为四层）。

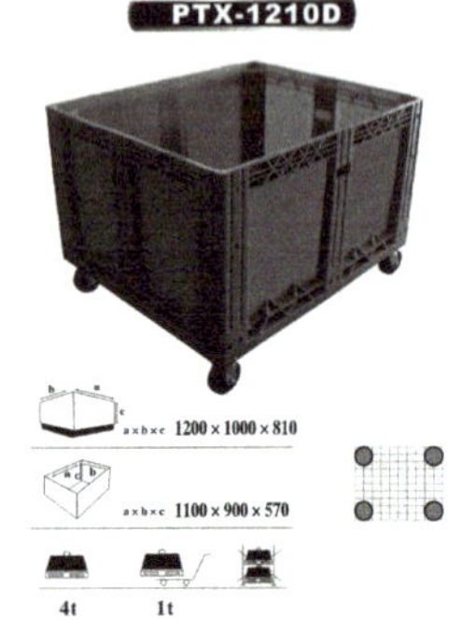

图 4-7　箱式托盘

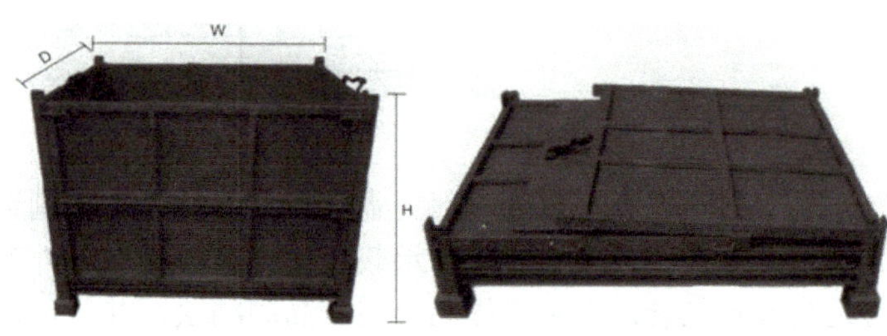

图 4-8　箱式托盘构造图

（4）轮式托盘。轮式托盘（见图 4-9）是依靠承载轮可进行自体载物移动的托盘，具有移动性好、使用方便等特点。

（5）特种专用托盘。它是指应用于各种特殊环境的托盘。由于托盘作业效率高、安全稳定，在一些要求快速作业的场合，托盘的重要性尤其突出，所以各国纷纷研制了多种多样的专用托盘，这里仅举几个例子。

1）油桶专用托盘。它是专门存放、装运标准油桶的异型平托盘，双面均有波形沟槽或侧板，以稳定油桶，防止滚落。其优点是可多层堆码，提高仓储和运输能力。

图 4-9　轮式托盘

2）轮胎专用托盘。轮胎的特点是耐水、耐蚀，但怕挤、怕压，轮胎专用托盘较好地解决了这个矛盾。利用轮胎专用托盘，可多层码放，不挤不压，大大地提高装卸和储存效率。

3）长尺寸物托盘。这是一种专门用来码放长尺寸物品的托盘，有的呈多层结构。物品堆码后，就形成了长尺寸货架。

任务实施

步骤一：认真学习本部分知识点，并通过网上查询、同桌间互相讨论的方式，针对“根据托盘的材料划分”这部分知识内容，完成以下表格（见表 4-1）。

表 4-1　托盘的分类（根据材料分）

按使用寿命排序	按使用范围排序	按商检通关速度排序	按价格高低排序

步骤二：扮演公司培训主管的角色，给需要培训的员工做一个有关托盘介绍的培训，建议制作相关培训课件完成。

任务巩固

1. 托盘是在________、________、和________过程中，将物品规整为货物单元时，作为承载面并包括承载面上辅助结构件的装置。其主要有________、________、________、_______、_______的特点。

2. 以制造材料分类，托盘可分为_______、_______、_______、_______、_______。

3. 以应用范围分类，托盘可分为_______、_______、_______、_______、_______。

任务二　使用与维护常用托盘

任务描述

不久前，新华物流有限公司新购进了一批木制平托盘。由于公司最近业务比较繁忙，需要员工快速完成出入库过程，同时完成托盘的上架过程（公司仓库使用的是横梁式货架）。但是小李因为刚参加工作，工作经验尚浅，在操作过程中常常犯一些小错误从而招来主管的批评，小李很是苦恼。于是小李向有多年工作经验的师傅请教托盘使用的有关问题。假如你是工作多年的师傅，在木托盘的使用和维护方面你将告诉小李哪些需要注意的问题？

知识准备

一、托盘货物有哪些堆码方式

托盘货物的堆码方式主要有以下四种基本类型。

1. 重叠式

重叠式即各层码放方式相同，上下对应。这种方式的优点是：员工操作速度快；各层堆叠后，包装物四个角和边重叠，能承受较大的荷重。其缺点是：稳定性差，容易发生塌垛。但在货体面积较大的情况下，采用这种方式可有足够的稳定性。一般情况下，重叠式堆码再配以各种紧固方式，不但能保持稳固，而且保留了装卸操作省力的优点。

2. 纵横交错式

这种堆码方式是指相邻两层货物的摆放旋转 90°，一层呈横向放置，另一层呈纵向放置，层间有一定的啮合效果，但啮合强度不高，这种方式装盘也较简单。

3. 正反交错式

这种堆码方式是指同一层中，不同列的货物 90° 角垂直码放，相邻两层的货物码放形式是另一层旋转 180° 角的形式，它类似于房屋建筑砖的砌筑方式，不同层间啮合强度较高，相邻层之间不重缝，因而码放后稳定性很高，但操作较为麻烦，且包装体之间不是垂直面相互承受荷载，从而会产生下部货物承受上部货体重力不均衡的现象，所以下部货体易被压坏。

4. 旋转交错式

这种堆码方式是指第一层相邻的两个包装体都互为 90°，两层间的码放又相差 180°，这样相邻两层之间互相啮合交叉，托盘稳定性较高，不易塌垛。其缺点是码放难度较大，且中间形成空穴，会降低托盘的装载能力。

二、托盘的承载能力有多大

选择托盘的承载能力时要了解托盘的使用功能，当托盘要上架存储时，上架载荷最为重要。在欧洲托盘标准（EPAL）中，将上架载荷和叉车作业时动载合并为同一载荷，其标准托盘的承载能力定义如下：

（1）当托盘存放在货架上或用叉车货叉作业时，必须满足以下承载能力：

1）当托盘上的货物随机摆放时，托盘承载力为 1 000 kg。

2）当托盘上的货物平整摆放于整个托盘面时，托盘承载力为 1 500 kg。

3）当托盘上的货物有整体包装并且平整摆放于整个托盘面时，托盘承载力为 2 000 kg。

（2）当托盘放在平整、刚性的水平面上，且货物平整均匀摆放在整个托盘面时，多个载荷托盘相互堆垛，最底层的托盘必须能承受额外 4 000 kg（共 6 000 kg）的最大载荷。每个托盘的载重量应不大于 2 000 kg。为了保证运输途中的安全，所载货物的重心高度不应超过托盘宽度的 2/3。

三、托盘承载货物的固定方式有哪些

托盘承载货物的固定方式主要有捆扎、胶合束缚、拉伸包装，并可相互配合使用。托盘承载的货物固定后仍不能满足运输要求的，应该根据需要选择防护加固附件。防护加固附件由纸、木、塑料、金属或者其他材料制成。

四、如何选择托盘类型

托盘类型的选择可以从以下方面考虑：

（1）托盘尺寸。根据企业托盘标准和存放物料的尺寸大小确定托盘尺寸。建议尽可能选用社会标准托盘。

（2）应用承载的要求。根据托盘上面存放物料的重量以及物流作业方式，考虑托盘的静载和动载能力需求。

（3）托盘材料。钢托盘一般只是为了解决较重货物的承载问题才选用，木托盘和塑料托盘在大部分物流作业场所均可使用。木托盘的刚性好，承载能力比塑料托盘大，不易弯曲变形，但不适合潮湿和卫生要求高的作业场所。塑料托盘是一个整体结构托盘，适合周转不易损坏，方便清洁，但承载能力不如木托盘。

（4）托盘结构。托盘有不同的结构方式，根据叉车的货叉特点、承载要求以及其他应用情况要求来选择。

（5）成本。木托盘成本低，但国内目前没有统一的托盘标准。同一种结构的木托盘因使用的材料或加工工艺的差异，其质量相差很大，市场价格变化大，价格为 50 ～ 300 元不等。木托盘若管理不善容易损坏，但可以维修。由于石油价格的上涨，塑料托盘的价格目前比木托盘要高很多。塑料托盘使用寿命比木托盘长，但损坏后不能维修。

五、托盘与叉车、货架等配合使用有什么注意事项

托盘与叉车、货架等配合使用时的注意事项如下：

（1）液压车和叉车在使用托盘过程中，叉刺之间的距离应尽量放宽至托盘的进叉口外缘，进叉深度应大于整个托盘深度的 2/3 以上。

（2）液压车和叉车在使用托盘运动过程中，应保持匀速进退和上下，避免紧急制动、急转引起托盘受损，造成货物倒塌。

（3）托盘上货架时，应保持托盘在货架横梁上的平稳放置，托盘长度应大于货架横梁外径 50mm 以上。

小贴士

托盘的维护方法

使用托盘应该做到包装组合码放在托盘上加上适当的捆扎和裹包，便于利用机械装卸和运输，从而满足装卸、运输和存储的要求。为了使托盘能够长久、安全地使用，按下列要求正确使用托盘：

（1）托盘应避免遭受阳光暴晒，以免引起老化，缩短使用寿命。

（2）严禁将货物从高处抛掷在托盘内。合理确定货物在托盘内的堆放方式。货物均匀置放，不要集中堆放、偏心堆放。承载重物的托盘应放在平整的地面或物体表面上。

（3）严禁将托盘从高处抛落，避免因猛烈撞击而造成托盘破碎或产生裂纹。

（4）叉车或手动液压车作业时，叉刺尽量向托盘叉孔外侧靠足，叉刺应全部伸进托盘内，平稳抬起托盘后才可变换角度。叉刺不可撞击托盘侧面以免造成托盘破碎或产生裂纹。

（5）托盘上货架时，必须采用货架型托盘。承载量根据货架结构而定，严禁超载使用。

（6）根据货物的类型、塑料托盘所载货物的质量和托盘的尺寸，合理确定货物在托盘上的码放方式。托盘的承载表面积利用率一般应不低于80%。

任务实施

仔细阅读本任务知识点，整理并汇总使用托盘的注意事项。

1. 堆码方面，应该注意：____。

2. 载重方面，应该注意：____。

3. 与叉车配合使用方面，应该注意：____。

4. 日常维护方面，应该注意：____。

任务巩固

到附近物流企业查看该企业在托盘的使用和维护方面是否合理，如有不合理之处，做好记录并与该企业负责人沟通。

公司名称________________

托盘类型________________

使用是否合理________________，不合理方面____。

与企业负责人沟通情况____。

任务三　解读托盘标准化

任务描述

新华物流有限公司这几年的发展十分迅速，设备需求量大增。在大批量采购了仓储设备后，公司的设备总算能跟上公司繁忙的业务了。随着国际贸易的发展，公司的国外客户也逐渐增多，问题也随之而来。为了更好地控制物流成本，公司需要根据不同国家的不同托盘标准而选用不同规格的托盘。试问，在以下几种情况下（见表 4-2），公司该选择何种类型和规格的托盘呢？

表 4-2　托盘标准化

货物特征	货物运输线路	选择托盘规格	选择托盘类型（按材料划分）
腐蚀性强，需快速通关	中国运往美国		
食品类物资，密度大	中国运往日本		
干燥、密度小	中国运往英国		
密度大	宁波运往天津		

知识准备

一、什么是托盘标准化

托盘是物流产业中最基本的集装单元和搬运器具，它随着货物在生产商、批发商、销售商和用户之间流通。托盘的这种流通性，要求托盘尺寸要与产品包装模数相适应，以保证托盘有最佳的载货效率；要与各类叉车尺寸相适应，以优化装卸效率；要与货架规格相适应，以提高仓储效率；要与货运汽车、货运火车、集装箱规格相适应，以改善运输效率。所以托盘尺寸标准是物流产业最为基础、最为典型的关联性标准。

从国际贸易的角度来看，每一个国家利益集团都希望其他国家采用自己的托盘标准，以便于本国的货物能够充分利用其他国家的物流设备和设施，低成本顺利进入其他国家市场，而又不愿意为其他国家因改变托盘标准，进而改变产业标准分担任何代价。如果贸易两国之间托盘标准不一致，不但不能享受托盘标准一致带来的好处，而且还会以增加多种贸易成本的方式阻碍双方的进出口。例如，厄瓜多尔采用的托盘标准是 1 200mm×1 000mm，而欧洲大陆（英国、荷兰和芬兰除外）托盘采用的标准是 1 200mm×800mm。由于托盘标准不一致，厄瓜多尔的香蕉出口商先用本国标准的托盘和包装将香蕉运抵欧洲，然后再更换成欧标托盘。托盘标准不一致使得厄瓜多尔的香蕉出口商必须额外承担托盘处理费用，倒换托盘的人工费用，重新租用欧标托盘的费用，以及由于标准不一致造成搬运效率降低而多支付的搬运费用等，最终使得厄瓜多尔的香蕉出口成本增加了 21%。厄瓜多尔每年向欧洲出口 400 万 t 香蕉，仅香蕉这一种产品，由于托盘标准的不一致，厄瓜多尔的出口商们就需要多支付 2 700 万美元的费用。

因此，我国物流专家在 2006 年提出对我国托盘标准进行修订。在充分考虑我国对欧美贸易、东北亚贸易和东盟贸易发展的现实需要，我国托盘使用现状，当前物流设备之间的系统性，ISO 世界标准化组织 2003 年推荐的 6 种规格之间的互换性与相近性，托盘规格多样降低物流系统运行效率的弊端等因素，充分借鉴国际经验和广泛听取托盘专家意见基础上，最终选定 1 200mm×1 000mm 和 1100mm×1100mm 两种规格作为我国托盘的国家标准，并向企业优先推荐使用前者，以实现逐步过渡到一种托盘规格的理想目标。这次托盘标准的科学修订，为我国托盘联营创造了有利条件。而托盘联营体系的建立将会有效地带动更多的生产流通企业。按照物流基础模数设计产品包装尺寸，采用标准化的货架存储货物，租用与标准托盘相适应的运载工具配送，从而推动整个物流标准化进程，有效提高我国物流运作效率，降低物流成本。据估计，托盘的标准化和托盘联营体系的建立，能够使得我国物流成本降低1% ～ 1.5%，那么它将可能为我国每年节约物流成本 1000 亿～ 1500 亿元。发达国家的实践表明，托盘标准化能够加速物流作业的机械化进程，对降低商品包装强度，减少物流垃圾，保护生态环境都有显著的效果。

二、如何选择托盘标准

托盘的尺寸标准是物流单元化重要的标准。托盘与存储的货架、搬运的产品、集装箱、运输车辆、卸货平台以及搬运设施等有直接的关系，因此托盘的规格尺寸是考虑其他物流设备规格尺寸的基础。例如，托盘横梁货架的横梁宽度尺寸最常见的有 2 300mm 和 2 700mm，前者承放两个 1 200mm×1 000mm 的托盘，后者承放三个 1 200mm×800mm 的托盘。这里，特别值得一提的是，要建立有效的托盘公用系统，必须使用统一规格的托盘。托盘标准化是托盘作业一贯化的前提，在选择托盘尺寸时应该考虑以下因素：

1. 运输工具和运输装备的规格尺寸

合适的托盘尺寸应该符合运输工具的尺寸，可以充分利用运输工具的空间，提高装载率，降低运输费用，尤其要考虑海运集装箱和运输商用车的箱体内尺寸。

2. 托盘装载货物的包装规格

根据托盘装载货物的包装规格选择合适的托盘，最大限度地利用托盘的表面积，控制所载货物的重心高度。托盘承载货物的合理指标为：达到托盘 80% 的表面积利用率，所载货物的重心高度不应超过托盘宽度的 2/3。

3. 托盘尺寸的通用性

应该尽可能地选用国际标准的托盘规格，便于托盘的交换和使用。

4. 托盘尺寸的使用区域

装载货物的托盘流向直接影响托盘尺寸的选择。通常去往欧洲的货物要选择 1210 托盘（1 200mm×1 000mm）或 1208 托盘（1 200mm×800mm）；去往日本、韩国的货物要选 1111 托盘（1 100mm×1 100mm）；去往大洋洲的货物要选择 1 140mm×1 140mm 或 1 067mm×1 067mm 的托盘；去往美国的货物要选择 48in（1 in=0.0254m）×40in 的托盘，国内常用 1210 托盘发往美国。每个地区仍然在推行自己传统的规格。例如，欧洲大陆以 1 200mm×800mm、英国以 1 200mm×1 000mm、美国和加拿大以 1 219mm×1 016mm、日本和韩国以 1 100mm×1 100mm 作为自身标准的托盘统一规格。1 200mm×1 000mm 托盘在全球应用最广，在我国也得到最广泛的应用。

任务实施

第一步骤：组队。四人一组，成立一个团队。

第二步骤：讨论。组员们查找任务中相关问题的资料。

第三步骤：填表。根据讨论结果，组员各自填好任务描述中的表 4-2。
第四步骤：评价。教师对学生的行为进行点评和对知识内容进行总结。

任务巩固

为了方便新华物流有限公司的员工在进行国际物流作业时选择托盘规格，请制作一张表格，列出不同国家所使用的托盘规格。

考核与评价

项目实施评价表

考核项目	考核要求	配分	评分标准	得分		备注
				自评	师评	
定义解析	1. 能解释什么是托盘 2. 能说出托盘的特点 3. 能说出什么是托盘标准化	20	1. 不能解释什么是托盘，扣 10 分 2. 不能说出什么是托盘标准化，扣 10 分			
类型识别	1. 说出教师提供的托盘图片名称及类别 2. 指出各类托盘的作用和特点 3. 能对托盘进行全局性分类 4. 能根据教师提供的实际情况选择所使用的托盘类型	40	1. 不能说出托盘图片的名称或类别，每次扣 5 分 2. 不能指出各类托盘的特点和作用，每处扣 5 分 3. 不能对仓储设备进行全局性分类，扣 10 分 4. 不能根据教师提供的实际背景选择适合的托盘类型，每次扣 5 分			
托盘标准化	1. 指出选择托盘标准时的影响因素 2. 能根据教师给出的实际作业情况，选择托盘的标准	20	1. 不能指出选择托盘标准时的影响因素，扣 10 分 2. 不能根据教师给出实际作业情况，选择托盘的标准，每次扣 5 分			
使用注意事项	1. 能分析托盘使用在堆码方面注意的问题 2. 能分析托盘使用在载重方面注意的问题 3. 能分析托盘使用在叉车配合使用方面注意的问题。 4. 能分析托盘使用在日常维护方面注意的问题	20	1. 不能分析托盘使用在堆码方面注意的问题，扣 5 分 2. 不能分析托盘使用在载重方面注意的问题，扣 5 分 3. 不能分析托盘使用在叉车配合使用方面注意的问题，扣 5 分 4. 不能分析托盘使用在日常维护方面注意的问题，扣 5 分			
时间						
开始时间：		结束时间：	实际时间：			

项目五　接触集装箱

学习目标

1. 了解集装箱的结构特征
2. 区别集装箱的类型、规格
3. 理解集装单元化的概念和意义
4. 学会选择集装箱

项目概述

普通散件杂货运输长期以来存在着装卸及运输效率低、时间长、货损货差严重等问题，影响货运质量，且因货运手续繁杂，影响工作效率，因此对货主、船公司及港口的经济效益产生极为不利的影响。为克服以上缺点，集装箱运输应运而生。集装箱是目前最主要的集装器具，是现代物流体系中最主要的存储和运输设备。集装箱运输是一个资金密集、技术密集且管理要求很高的行业，是一项复杂的运输系统工程，这就要求管理人员、技术人员、业务人员等具有较高的素质，熟悉集装箱类型和集装箱的构造，清楚集装箱的尺寸和空间特征，懂得如何更好地使用和维护集装箱，从而发挥集装箱作为主要仓储和运输设备的作用。

任务一　认识集装箱

任务描述

信达仓储公司是一家位于港区附近的大型仓储企业。公司拥有十几个大型仓库以及十个大型露天集装箱堆场。大型仓库用于货物的存放和保管，露天集装箱堆场则主要用于放置集装箱和开展集装箱租赁业务。由于集装箱业务逐渐成为公司的重要利润来源，因此公司十分重视集装箱业务的发展，特别成立了设备维修队来负责平时集装箱的维修和保养。同时，公司也要求每一位仓管员了解一定的集装箱常识。假设你是该公司的仓管员，你能说出一些集装箱部位的中文名称和标记的中文名称及含义吗？

知识准备

一、什么是集装箱

集装箱是指有足够的强度，可长期反复使用的、适于多种运输工具且容积在 $1m^3$ 以上（含 $1m^3$）的集装单元器具。

（1）具有足够的强度和刚度，能长期反复使用。

（2）适于一种或多种运输方式载运，在途中转运时，箱内货物不需换装。

（3）具有便于快速装卸和搬运的装置，特别是从，一种运输方式转移到另一种运输方式。

（4）便于货物的装满和卸空。

（5）具有 $1m^3$ 及以上的容积。

通用集装箱外部结构（见图 5-1）由两部分组成：一部分是承受货物重量和冲击等外力的主要构件，其中包括角柱、上端梁、下端梁、上侧梁和下侧梁等，这些主要构件都采用高强度材料制造；另一部分主要用于保护货物日晒雨淋的外表面，包括箱顶板、侧壁、端壁和箱门等。

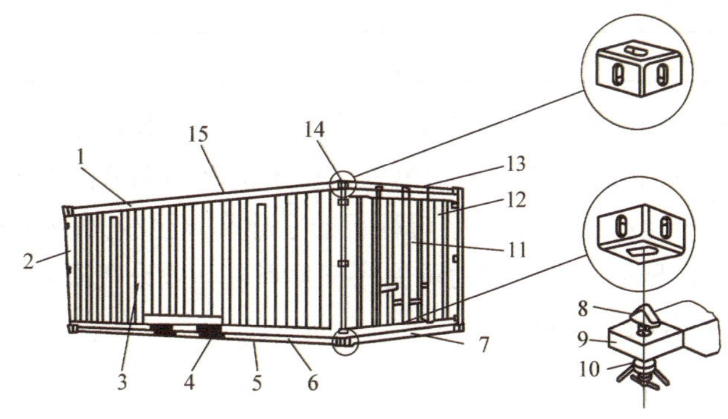

图 5-1 集装箱外部结构示意图

1—上侧梁 2—角柱 3—侧壁 4—叉槽 5—底板 6—下侧梁 7—下端梁 8—转锁
9—汽车车架 10—锁紧螺母 11—箱门 12—端壁 13—上端梁 14—角件 15—箱顶板

使用集装箱转运货物，可直接在发货人的仓库装货，运到收货人的仓库卸货，中途更换车、船时，无须将货物从箱内取出换装。集装箱最大的优势在于其产品的标准化以及由此建立的一整套运输体系，能够让一个载重几十吨的庞然大物实现标准化，并且以此为基础逐步实现全球范围内的船舶、港口、航线、公路、中转站、桥梁、隧道、多式联运相配套的物流系统。

二、集装箱标记有哪些

为了便于集装箱在流通和使用过程中的识别和管理，便于单据编制和信息传输，国际标准化组织制定了集装箱标记。国际标准化组织规定的标记有必备标记和自选标记两类，每一类标记中又分识别标记和作业标记。

1．必备标记

（1）识别标记。按照国家标准《集装箱术语》（GB/T1992—2006），识别标记包括所有者代码、设备代码、系列号和核对数字。

1）所有者代码。由在国际集装箱局（BIC）注册后的三位大写的拉丁字母表示。

2）设备代码，以“U”表示集装箱，以“J”表示挂装在箱体上面的设备，以“Z”表示集装箱挂车或底盘车。

3）系列号，又称箱号，由6位阿拉伯数字组成。如遇数字不足6位时，则在前用“0”补足6位，如“053842”。

4）核对数字。用来核对所有者代码、设备代码和系列号是否正确有效。它位于系列号后，以一位阿拉伯数字加一方框表示。

（2）作业标记。它包括以下三个内容：

1）额定重量和自定重量标记。额定重量即集装箱总重，是集装箱的自重与最大允许装货重量之和；自重是指集装箱的空箱重量。ISO 688规定应以千克（kg）和磅（lb）同时表示，见表5-1。

表5-1　额定重量和自定重量标记

MAX GROSS（额定重量）	25 000 kg
	52 910 lb
TARE（自定重量）	2 060 kg
	4 550 lb

2）空陆水联运集装箱标记。由于该集装箱的强度仅能堆码两层，因而国际标准化组织对该集装箱规定了特殊的标志，该标记为黑色，位于侧壁和端壁的左上角，并规定标记的最小尺寸为：高127mm，长355mm，字母标记的字体高度至少为76mm。

3）登箱顶触电警告标记。该标记为黄色底三角形，一般设在罐式集装箱和登顶箱顶的扶梯处，以警告登顶者有触电危险。

2．自选标记

（1）识别标记。它包括：

1）国家和地区代号，如中国用CN，美国用US。

2）尺寸和类型代号（箱型代码）。

（2）作业标记。它包括：

1）超高标记。该标记为在黄色底上标出的黑色数字和边框，此标记贴在集装箱每侧的左下角，距箱底约0.6m处，同时该标记贴在集装箱主要标记的下方。凡高度超过2.6m的集装箱应贴上此标记。

2）国际铁路联盟标记。凡符合《国际铁路联盟条例》规定的集装箱，可以获得此标记。该标记是在欧洲铁路上运输集装箱的必要通行标志。

3．通行标记

集装箱在运输过程中能顺利地通过或进入他境，箱上必须贴有按规定要求的各种通行标志，否则必须办理烦琐证明手续，这势必会延长集装箱的周转时间。集装箱上主要的通行标记有：安全合格牌照、集装箱批准牌照、防虫处理板、检验合格徽及国际铁路联盟标记等。

三、集装箱有哪些类型

1．按装运货物品种分

（1）普通货物集装箱，指除装运需要控温的货物、液态或气态货物、散货、汽车和活的动物等特种货物的集装箱以及空运集装箱以外其他类型集装箱的总称。

1）通用集装箱。指具有风雨密性能的全封闭集装箱。设有刚性的箱顶、侧壁、端壁和底部结构，至少在一个端部设有箱门，以便装运普通货物。

2）专用集装箱。普通货物集装箱中某些具有一定结构特点箱型的总称，包括封闭式透气 / 通风集装箱、敞顶式集装箱、平台式集装箱、台架式集装箱等。

（2）特种货物集装箱。指装运需要控温的货物、液态或气态货物、散货、汽车和活的动物等特种货物集装箱的总称。

1）保温集装箱。指具有隔热功能的箱壁、箱门、箱底和箱顶，能够减缓箱体内外热量交换的集装箱，包括隔热集装箱、机械式制冷集装箱、冷藏和加热集装箱。

2）罐式集装箱。这种类型集装箱由箱体框架和罐体两部分组成。

3）干散货集装箱。用于装运无包装干散货的集装箱，设有便于装满和卸空的开口，包括无压干散货集装箱和有压干散货集装箱等。

4）按货种命名的集装箱。指专门或基本上用于装运某种特定货物的集装箱，如装运汽车或动物的集装箱等。

（3）航空集装箱。包括空运集装箱和空陆水联运集装箱。空运集装箱指用于空运的集装箱，它具有平齐的底面和在航空器内限动的相应装置，可以在空运设备上设置的辊道系统上平移或转向的轻型集装箱，空陆水联运集装箱是指除了空运集装箱所具有的特点外，还能够适应水运和陆运条件并满足多式联运需求的联运集装箱。

2. 按规格尺寸分

国际上通常使用的干货柜（DRY CONTAINER）有：外尺寸为 20ft × 8ft × 8ft 6in，简称 20 尺柜；外尺寸为 40ft × 8ft × 8ft 6in，简称 40 尺柜；外尺寸为 40ft × 8ft × 9ft 6in，简称 40 尺高柜。

3. 按总重分

按总重分，集装箱有 30t 集装箱、20t 集装箱、10t 集装箱、5t 集装箱等。

任务实施

仔细观察图 5-2，完成以下两个作业。

图 5-2　集装箱标记

作业一

填写图中箭头指示的集装箱部位的中文名称。

1__________ 2__________ 3__________ 4__________

作业二

该集装箱所标记的以下四串字符分别代表什么含义？

MAX GROSS__________ 30 480kg__________

67 200lb__________ TARE__________

任务巩固

集装箱是一种供货物运输的设备，应具备一些特定的条件，请补充完整。

1. 具有足够的强度和刚度，能长期反复使用。
2. __________。
3. __________。
4. 便于货物的装满和卸空。
5. __________。

任务二 使用与维护集装箱

任务描述

信达仓储公司在开展其集装箱业务时，常常要根据货物的重量和体积特点来合理地选择集装箱，并进行货物的合理装载。集装箱内容积是该公司业务部门和仓库管理人员必须掌握的重要技术资料。某公司现有一批电器制品需要装箱出库，该电器制品用纸箱包装，共 750 箱，总体积为 117.3m^3（4 141ft^3），总重量为 20.33t（44825161 lb），假如你是信达仓储公司的业务部门的工作人员，请问需要准备多少个 20ft 杂货集装箱？

知识准备

一、集装箱的计算单位是什么

集装箱计算单位为标准箱，英文为 TEU（Twenty feet Equivalent Unit），是一种以 20ft（6.096m）集装箱作为换算单位的集装箱计量单位。它通常用来表示船舶装载集装箱的能力，也是集装箱和港口吞吐量的重要统计、换算单位。

目前大部分集装箱运输，都采用 20ft 和 40ft 的两种集装箱。为使集装箱箱数计算统一化，把 20ft 集装箱作为一个计算单位，40ft 集装箱作为两个计算单位，以利于统一计算集装箱的营运量。在统计集装箱数量时有一个术语：自然箱，也称“实物箱”。自然箱是不进行换算的实物箱，即不论是 40ft 集装箱、30ft 集装箱、20ft 集装箱，还是 10ft 集装箱均作为一个集装箱统计。

二、集装箱有哪些规格

集装箱尺寸包括集装箱外尺寸和集装箱内尺寸。集装箱外尺寸指包括集装箱永久性附件在内的集装箱外部最大的长、宽、高尺寸。它是确定集装箱能否在船舶、底盘车、货车、铁路车辆之间进行换装的主要参数，是各运输部门必须掌握的一项重要技术资料。集装箱内尺寸指包括集装箱内部的最大长、宽、高尺寸，高度为箱底板面至箱顶板最下面的距离，宽度为两内侧衬板之间的距离，长度为箱门内侧板量至端壁内衬板之间的距离。集装箱内尺寸是决定集装箱内容积和箱内货物的最大尺寸。

按集装箱内尺寸可以计算出装货容积。同一规格的集装箱，由于结构和制造材料的不同，其内容积略有差异。集装箱内容积是物资部门或其他装箱人必须掌握的重要技术资料，集装箱尺寸参数见表 5-2。

表 5-2　集装箱尺寸参数

尺 寸 规 格	内容积 /m^3	配货毛重 /t	体积 /m^3
20 尺柜	5.69×2.13×2.18	17.5	24 ～ 26
40 尺柜	11.8×2.13×2.18	22	54
40 尺高柜	11.8×2.13×2.72	22	68
20 尺开顶柜	5.89×2.32×2.31	20	31.5
40 尺开顶柜	12.01×2.33×2.15	30.4	65
20 尺平底货柜	5.85×2.23×2.15	23	28
40 尺平底货柜	12.05×2.12×1.96	36	50

根据仓储货物的体积与重量，选择集装箱的尺寸规格和数量。

例如，一批日化产品选用 40 尺柜的集装箱出库装箱，该批日化产品共 100 箱，总体积为 100m^3，总重量为 20t，共需要多少个 40ft 集装箱？

首先，按该批物资的重量来算，20t 小于 40ft 的配货载重额度（22t），所以只需要 1 个 40ft 的集装箱。再按物资的体积算：100m^3÷54=1.8519m^3，则需要 2 个 40ft 的集装箱。所以，该批日化产品需要 40ft 的集装箱 2 个。

三、集装箱运输有哪些关系方

集装箱运输的关系方主要有：集装箱所有人、承运人、实际承运人、无船（车）承运人、堆场、货运站和集装箱租赁公司等。

（1）集装箱所有人。指拥有集装箱所有权的人。

（2）承运人。本人或委托他人，以本人名义与托运人订立货物运输合同的人。

（3）实际承运人。指接受承运人委托，从事货物运输或部分运输的人，包括接受委托从事此项运输的其他人。实际承运人通常拥有大量集装箱，以利于集装箱的周转、调拨、管理以及集装箱与车船机的衔接。

（4）无船（车）承运人。指不拥有运输工具，但以承运人身份发布运价，接受托运人的委托，签发自己的提单或其他运输单证，收取运费，并通过与实际承运人签订运输合同，承担承运人责任，完成货物运输的经营者。对真正货主来讲，他是承运人，而对实际承运人来说，他是托运人。通常无船承运人应受所在国法律制约，在政府有关部门登记。

（5）堆场（简称 CY）。指集装箱重箱或空箱保管、堆放和交接的场地。

（6）货运站（简称 CFS）。指拼箱货物拆箱、装箱、办理交接的场所。

（7）集装箱租赁公司。指专门经营集装箱出租业务的新行业。

四、如何使用集装箱

1. 集装箱的装箱操作与管理

（1）集装箱的装载与固定。

1）集装箱在装载货物时应考虑货物重量的配置，均匀地分布货物，可以采用衬垫等方式装载。

2）在同一集装箱中配载不同货物时，要注意货物的性质、重量、包装对其他货物产生的影响。

3）在装载方法上，应该适当兼顾拆箱卸货的便利性。

4）固定货物时应考虑拆卸固定用具的便利性。

5）对于运输时间长、外界运输环境差的货物，要考虑箱内会不会发生水滴而产生的水湿事故，固定货物的强度是否满足运输形式中技术状态的要求。

6）装货物时应考虑卸货的先后顺序。

（2）集装箱使用数量的管理。集装箱的装载量就是集装箱的最大载货重量（P），它是集装箱的总重（R）与集装箱的自重（T）之差。在计算集装箱所需数量之前，先要判定货物是重货还是轻货，再求出一个集装箱的最大装载量和有效容积，就可算出货物所需的集装箱数。利用货物密度和集装箱的单位容重可以衡量装箱货是“重货”还是“轻货”。所谓“重货”是指货物密度大于集装箱的单位容重，反之称为“轻货”。货物密度是指货物单位容积的重量，简称单位容重。集装箱的单位容重就是把集装箱的最大载货重量除以集装箱的容积。

计算时如果货物是重货，则用货物总重量除以集装箱的最大载货量，即得所需集装箱的数量。如果是轻货，则用货物的总体积，除以集装箱的有效容积，也可求出所需集装箱数量。对于尚不能判定是重货还是轻货的货物，则先按容积来计算，求出每个集装箱的最大可能装载件数，用件数乘上每件货物的重量，再与该集装箱的最大载货重量相比较。如果小于集装箱的最大载货重量，则以集装箱的最大载货重量来除该批装箱货物的总重量求出集装箱数；如果箱内所装件数的总重量大于集装箱的最大载货量，则以集装箱的最大载货重量来除该批装箱货物的总重量，求得所需要的集装箱数量。

2. 集装箱运输管理

（1）铲、吊集装箱时，要配备专用工具（梯子、保险带），以防铲吊装卸操作人员违章上下集装箱时发生事故。

（2）集装箱运输要用专用车辆运输，车辆必须保证完好，保险扭锁必须安全可靠，装箱后检查锁销是否牢固、锁紧。

（3）装运集装箱时注意箱门是否关紧、关牢，特别是装运空箱要防止在行驶中箱门敞开。

（4）装运重箱时，驾驶员要了解货物的性能，防止损坏、撞击而发生意外事故。

（5）非集装箱专用车辆在运输集装箱时，无论空箱和重箱、运输距离远或近，车厢栏板不足 1m 的，必须配备运输集装箱的专用紧固工具（葫芦、钢丝绳、紧线机）。同时车辆有车厢栏板不足 1m 高的应加固。无车厢栏板的车辆在装集装箱时，不论运输距离远近，未经紧固，不得运输。

（6）集装箱车辆在行驶途中要严格遵守交通规则，在狭窄路面会车时，要注意上方的通信电线路、树木和其他障碍物。

（7）行驶时，要根据不同的道路情况控制车速，严禁紧急制动，特别是在车辆转弯时要降低速度，防止翻车而发生事故。

小贴士

中外主要船公司简称与缩写一览见表 5-3。

表 5-3 中外主要船公司简称与缩写一览

公 司	简 称	缩 写
美国总统轮船私人有限公司	美国总统	APL
法国达飞轮船公司	达飞轮船	CMA-CGM
中国远洋集装箱运输有限公司	中远集运	COSCO
长荣海运股份有限公司	长荣海运	EVERGREEN
韩进海运有限公司	韩进海运	HANJIN
香港明华船务有限公司	香港明华	HKMW
赫伯罗特船务有限公司	赫伯罗特	HAPPAG-LLOYD
德国胜利航运公司	德国胜利	SENATOR
川崎汽船株式会社	川崎汽船	K—LINE
阿拉伯联合国家轮船公司	阿拉伯轮船	UASC
万海航运股份有限公司	万海航运	WANHAI
马来西亚国际航运有限公司	马来西亚航运	MISC
商船三井有限公司	商船三井	MOL
地中海航运公司	地中海航运	MSC
马士基海陆有限公司	马士基海陆	MAERSK-SEALAND
铁行渣华船务有限公司	铁行渣华	P&O NEDLLOYD
日本邮船有限公司	日本邮船	NYK
东方海外货柜航运有限公司	东方海外	OOCL
太平船务有限公司	太平船务	PIL
长锦有限公司	长锦公司	SINKO
中外运（集团）总公司	中外运	SINOTRANS

任务实施

某公司一批电器制品需装箱出库，共 750 箱，总体积为 117.3m^3，重量为 20.33t，请问需要准备多少个 20ft 杂货集装箱？

1. 将20ft杂货集装箱的规格参数填入表5-4。

表5-4 杂货集装箱的规格参数

尺寸规格	内容积	配货毛重	体积
20尺柜			

2. 计算出该批物资所需要的集装箱数量，写出计算过程。

任务巩固

在集装箱堆场的作业中，工作人员必须快速准确地找出特定公司的集装箱。因此，为了加快作业效率，大部分船公司都会将自己的公司名称缩写涂在集装箱外部，易于辨认。请根据船公司的中英文对照，完成表5-5。

表5-5 作业表格

船公司	中文名称
MAERSK-SEALAND	
MSC	
	中远集团
CMA-CGM	
P&O NEDLLOYD	
OOCL	
	韩进海运
MOL	
K—LINE	
	日本邮船

任务三 解读集装单元化技术

任务描述

为了提高公司员工对集装箱业务的认识程度，提升公司员工的理论知识素养，信达仓储公司的行政部门在近期组织广大员工参加相关的业务培训。培训的主要内容是集装单元化技术的概念和作用。培训结束后，公司对参加培训的员工会做一些考核工作，以此检验员工是否认真学习。考核形式为员工们根据培训内容互出测试题目。作为一名仓管员，你是否认真参加了培训，你能根据培训内容出一些测试题目吗？

知识准备

一、什么是集装单元化

集装单元化技术就是物流管理硬技术（设备、器具等）与软技术（为完成装卸搬运、储存、运输等作业的一系列方法、程序和制度等）的有机结合。

在货物的储运过程中，为便于装卸和搬运，用专门器具盛放或捆扎处理的，便于装卸、搬运、储存、运输的标准规格的单元货件物品，称为货物的集装单元。用于集装货物的工具称为集装单元器具，它必须具备两个条件：①能使货物集装成一个完整、统一的重量或体积单元；②具有便于机械装卸搬运的结构，如托盘有叉孔，集装箱有角件吊孔等，这是与普通货箱和容器的主要区别。

从包装角度来看，集装是一种按一定单元将杂散物品组合包装的形态，是属于大型包装的形态。在多种类型的产品中，小件杂散货物很难像机床、大件电器等产品那样进行单件处理，由于其杂、散且个体体积、重量都不大的特点，所以总是需要进行一定程度的组合，才能有利于销售、物流。从这一点上说，商品的外包装、粉粒体物料的纸袋及液体和气体的容器等也是一种集装单元。但一般物流技术上所称的集装单元化，则是指固体物料和商品运输包装的集装单元化，如零件堆放在纸箱内或饮料纸箱堆码在托盘上等。

从运输角度来看，集装所组合的组合体往往又正好是一个装卸运输单位，有利于运输和装卸，因而在这个领域把集装箱主要看成是一个运输体，称组合货载或集装货载。

二、集装单元化有哪些类型

集装单元化有若干典型的方式，通常使用的集装单元化有下列几种类型：

（1）集装箱系统。它是将大型容器发展成为集装箱，集装箱配置半挂车又演变成大型的台车。集装箱是当前集装单元发展的最高阶段。因此集装箱业务也是各个船公司大力发展的方向。

（2）托盘类。它以平托盘为主体，包括从平托盘发展到柱式托盘、箱式托盘、轮式托盘和专用托盘。集装箱系统和托盘是集装单元化的两大支柱。

（3）捆扎型。它是用绳索、钢丝等把小件的货物扎成一捆或一叠，这是简单的集装单元化，如成捆的型钢、木材，成扎的铝锭等。捆扎单元化方式在冶金、木材加工等行业应用广泛。

（4）其他容器。它包括柔性集装袋、集装网络等。

三、集装单元化有哪些特点

集装单元化具有如下特点：

（1）通过标准化、通用化、配套化和系统化以实现物流作业的机械化、自动化，从而降低劳动强度和提高劳动生产率和物流载体利用率。

（2）物品移动简单化，减少重复搬运次数，缩短作业时间和提高效率，能有效地保护物品，减少物品在搬运装卸过程中的破损、丢失。

（3）使物流各功能环节之间便于衔接，容易进行物品的数量检验，清点交接简便，减少差错。

（4）货物包装简单，节省包装费用，降低物流功能作业成本。

（5）通过使用集装单元化技术，货物容易高堆积，减少物品堆码存放的占地面积，能充分灵活地运用空间。

四、集装单元化有哪些基本原则

为了充分发挥货物集装单元化的优越性，以降低物流费用，提高社会的经济效益，在实现集装单元化时，必须遵循下列几个基本原则：

1．通用化

通用化即集装化要与物流全过程的设备和工艺相适应，不同形式的集装单元化方法之间、同一种集装单元化方法的不同规格的集装之间相协调，以便在物流全过程中畅通无阻。因此，集装单元化的原则应贯彻在物流的全过程，集装单元器具要流通到物流的各个部门，它必须适用于各个环节的工艺和设备，才能在各个环节之间通用。例如大型集装箱，从规格到结构部件，不仅适用于海运，也同样应适用于汽车和铁路运输，否则就无法实现多式联运。

2．标准化

标准化即是从集装单元化术语的使用方面入手，集装工具的尺寸、规格、强度、外形和重量，集装工具材质、性能、试验方法，装卸搬运加固规则一直到编号、标志、操作规范和管理办法等，都必须要标准化，以便进行全社会和国际间的流通和交换。标准化是实现集装器具通用化所必需的。国际上有国际标准（ISO），我国有国家标准（GB），一个企业也可以有企业标准。企业标准应与国家标准一致，国家标准也正逐步向国际标准靠拢，以利于国际流通。标准化是通用化的前提，也是集装单元化的关键。不同形式的集装单元化之间，其标准应互相适应、互相配合。例如，商品包装的标准必须与托盘标准协调，才能提高托盘的满载率，而托盘的标准又必须与集装箱、汽车车厢和库房的柱网相适应。

3．系统化

集装单元化技术的内容甚广，不单纯指集装工具，而是包括集装工具在内的成套物流设施、设备、工艺和管理的总和，是一个联系生产与生产、生产与消费的动态系统。因此，集装单元化技术的每一个问题都必须置于物流系统中来考虑，否则就难以付诸实践或难以获得成效。例如，为了实现“门到门”的集装箱运输，不仅需要配套的起重、运输工具，还需考虑桥的通过能力。在一个企业内实现货物的集装单元化时，也必须统筹考虑。

小贴士

集装箱的维护

关于集装箱的维护，有以下注意事项：

（1）在装卸搬运集装箱时，应注意防止其外壁被机械设备刮伤或碰伤，并注意保护好表面油漆和标记。

（2）集装箱出现破损时，需及时请专业人员进行检查和维修。

（3）及时地对集装箱的内外部进行清洗，保证集装箱的箱内卫生。

（4）切勿超重使用集装箱，而使货物重量超出集装箱的最大承重量。

（5）对于一些特殊的集装箱，需要依据其使用说明书而进行特殊的维护。

任务实施

第一步骤：教师列出学生出题的要求与标准。

第二步骤：学生回顾学习本任务知识点，按教师要求出题。

第三步骤：同桌交换题目进行测试。

第四步骤：教师对学生所出的题目及学生的回答情况进行点评。

任务巩固

1. 集装单元化技术就是物流管理硬技术__________与软技术（为完成__________、__________、__________等作业的一系列方法、程序和制度等）的有机结合。

2. 请通过不同的渠道，整理国内主要港口近几年的集装箱运输量（达多少标箱）。

考核与评价

项目实施评价表

考核项目	考核要求	配分	评分标准	得分		备注
				自评	师评	
定义解析	1. 能解释什么是集装箱 2. 说出集装箱的作用	20	1. 不能解释什么是集装箱，扣10分 2. 不能说出集装箱的作用，扣10分			
类型识别	1. 说出教师提供的集装箱图片类别 2. 指出该集装箱的作用和特点	10	1. 不能说出该集装箱图片的名称或类别，每次扣3分 2. 不能指出该集装箱的作用和特点，每次扣2分			
标志识别	1. 依据教师指出的集装箱标志，说出该标志的名称和含义 2. 简要说出该标志的作用	30	1. 不能指出集装箱标志的名称，一次扣5分 2. 不能指出该集装箱标志的含义，一次扣5分 3. 不能指出该集装箱标志的作用，扣5分			
集装箱标准	1. 指出集装箱有哪些标准 2. 根据仓储货物的体积与重量，对集装箱的尺寸规格和数量进行选择	20	1. 不能指出集装箱的标准，扣10分 2. 不能根据仓储货物的体积与重量，对集装箱的尺寸规格和数量进行选择，扣10分			
集装单元化	1. 能阐述什么是集装单元化 2. 能概括集装单元化的类型 3. 能指出集装单元化的特点 4. 能说明集装单元化的基本原则	20	1. 不能阐述什么是集装单元化，扣5分 2. 不能概括集装单元化的类型，扣5分 3. 不能指出集装单元化的特点，扣5分 4. 不能指出集装单元化的基本原则，扣5分			
时间						
开始时间：		结束时间：		实际时间：		

项目六　了解 RF 手持终端设备

学习目标

1. 了解手持终端设备的功能
2. 学会应用 RF 手持终端

项目概述

企业仓储运作中常常会碰到以下问题：找寻仓库货物时，费时费力，且常常找不到；不清楚仓库中具有多少库存，不清楚具体存放位置；每次盘点货物，耗时长等。而条形码/RFID 电子标签仓库管理软件系统可以解决以上问题。通过数据中心的软件，可以精确定位每一件物品具体存放位置，精确统计货物数量、规格，精确管理每一个人的入库、出库流程。

任务一　认识 RF 手持终端设备

任务描述

信达物流公司是华东地区比较大型的配送型物流公司。随着公司业务量的逐渐增大，为了更好地对进出库的产品进行管理，该公司采购了一批手持终端设备。通过一段时间的应用，公司员工发现工作效率明显提高。你能以库存盘点作业为例，说说传统的库存盘点与使用手持终端设备后的变化吗？

知识准备

一、什么是 RF 手持终端设备

RF 手持终端设备是指利用无线射频技术完成数据采集、传输等功能的便于携带的数据处理终端。在现代化的仓储管理中，RF 手持终端设备发挥的作用将越来越明显。

二、RF 手持终端设备有哪些功能

在仓库管理的应用中，手持终端设备通常具备以下几点功能：

1. 条码扫描

图 6-1　条码

条码（见图 6-1）扫描功能目前有两种技术：激光和 CCD，激光扫描只能识读一维条码，CCD 技术可以识别一维和二维条码。一般认为识读一维条码时，激光扫描技术比 CCD 技术更快更方便。具有条码扫描功能的手持终端设备通常被称为条码数据采集器。

2. GSM/GPRS/CDMA 无线数据通信

该功能是指手持终端可以通过无线数据通信的方式与数据库进行实时数据交换，主要在两种情况下需要使用此功能：①对数据的实时性要求很高；②应用中因各种原因无法将所需要的数据存储在手持终端设备的时候，可能是所需要的数据过大，也可能需要保密等。

3. USB 通信

USB 通信技术因其通信速率快，目前很多手持终端设备都开始采用，其用途主要是与 PC 机进行大量的数据交换。

4. 打印

手持终端集成了打印功能，可以直接打印单据。

5. 手写识别

在使用手持终端时，可以采用键盘输入和手写触摸屏等多种输入手段输入数据，充分发挥应用程序功能，满足用户的偏好。

三、RF 手持终端设备应用举例

手持数据采集终端是集微型计算机、扫描器于一体的智能化条码采集、信息处理设备。应用手持数据采集终端的新型盘点方式，可以加强企业物流管理，准确掌握进销业务情况，降低库存和企业内部流通费用。

在仓库传统盘点库存方式中，一直存在着许多实际问题，给管理者和实际操作者造成不必要的麻烦。运用手持数据采集终端盘点方式的出现，用自动化盘点替代了人工盘点，保证了数据采集的高效、快速、准确，弥补了传统盘点方式的许多不足。其具体优势体现在以下几个方面：

（1）盘点库存的准确性。任何一个不准确数据都会导致盘点库存与实际库存不符，形成虚假的盘亏或盘盈，因而库存盘点对准确性要求极高。在传统的盘点过程中，由于过多的人为因素介入其中（如人工抄录商品名称、商品数量，难以避免地会出现写错、字迹不清、条理不清等情况），这会给本来就不轻松的工作带来更多的麻烦。如果盘点的情况与数据库中的情况不符，还要重盘，更加重了盘点员的负担。条码管理不仅用于商品本身，它还包括库房、货架等一切可以条码化的非商品。在实际应用中，可以把商品名称、摆放货架均贴上条码，由手持终端设备顶部的激光扫描器自动采集数据，尽量避免人工输入，确保数据录入的准确。

（2）盘点库存的耗时及效率。谁都不愿意因为盘点库存这一并不带来实际经济效益却又不得不做的事来浪费时间。有时大型仓库用传统人工盘点库存兴师动众，却因为人工记录每条信息的时间过长，盘点效率不高，又为保证一次盘点库存的完整性，通宵达旦。不但使盘点人员身心疲惫，而且耽误时间，形成直接经济损失。但如果实现商品条码化管理，手持终端便可充分发挥其优越性。首先，手持数据采集终端在采集商品条码时，只需按一下扫描键，手持数据采集终端顶部发出的激光扫描线扫到条码后立即把商品条码自动、准确的读入终端中，整个过程在瞬间完成。随后，手持数据采集终端执行按客户要求事先编好的程序，利用扫描或键盘输入完成相应信息的快速录入，这样每条信息的采集录入时间大大缩短，工作效率得到显著提高。

（3）盘点库存的方便性。传统盘点库存方式效率不高，是由其落后的手工盘点方式造成的。盘点操作人员需要携带纸、笔现场记录每一条信息，这样在库房里翻动物品盘点很不方便。利用手持终端，只要一机在手，每条数据采集录入都在轻轻几下按键之间完成，避免了一手执笔，一手拿纸，却还要腾出一只手翻动商品的麻烦。

（4）盘点库存结果的处理。盘点数据采集的结束并不是盘点全过程的结束。采集的数据一般都要录入到计算机中进行数据的比较、汇总。在传统的盘点方式中，这一过程通常由录入员完成，不但占用许多人、机时间，而且又增加了人为错误的可能性。手持终端的一个显著的优势是良好的上、下位机接口。它带有标准的 RS232、485 和红外接口。数据通过接口下载到计算机，进行处理的过程自动完成，准确、方便、快捷。如果再配合做好的软件接口，所有的信息便快速、条理清晰地呈现。

（5）盘点库存的信息反馈。从以上各方面可以看出，传统的盘点方式存在许多弊端，盘点结果难以保证准确，如果用这些难保准确的数据作出决策，其结果可想而知。而采用手持终端，能快速、准确、直观地反映实际情况，为商家正确决策提供科学依据，并使供、销、存紧密衔接，缩短反应周期，为商家立于不败之地奠定基石。

任务实施

请根据所学内容完成表 6-1 的填写。

表 6-1　手持终端在盘点库存时的作用

项　目	使用手持终端前	使用手持终端后
盘点库存耗时及效率		
盘点库存的准确性		
盘点库存的方便性		
盘点库存结果的处理		
盘点库存的信息反馈		

任务巩固

1. 手持终端是指具有以下几种功能的便于携带的数据处理终端：________、________、________、________和________。

2. 在仓库管理的应用中，手持终端相比于传统人工盘点，优势体现在：__________、__________、__________、__________和__________。

任务二　了解 RF 手持终端在仓储管理中的应用

任务描述

在传统的仓库管理中，货物的盘点、查找都靠人工去完成，当货物数量多、品种规格复杂时就增加了企业的作业时间，严重影响了产品物流运送效率，造成管理混乱，增加了企业的管理成本。现代物流仓库管理中，利用企业无线仓储管理系统便能很好地解决以上问题。你能利用手持终端设备完成整个出入库流程吗？

知识准备

一、认识企业无线仓储管理系统

现代仓储企业中，基于射频技术的无线仓储管理系统（见图 6-2）的应用使企业的仓储管理技术得到了非常显著的提高。此系统依托企业现有的管理系统将射频技术、条码技术和无线计算机网络技术相结合，从而集成了先进的软硬件系统。此系统将重点放在了数据发生的现场即仓库，从根本上保证了实际操作、物流状态和后台数据库三方面随时随地准确统一，同时进一步提高了作业效率，真正实现库房的科学管理。

无线仓储管理系统采用条码 /RFID 电子标签技术，结合 ERP 数据库软件，形成一套从入库、移库、盘点、出库，全方位和全程的可视化跟踪系统。该系统分为中心 ERP 条码数据管理，手持终端管理两个部分。

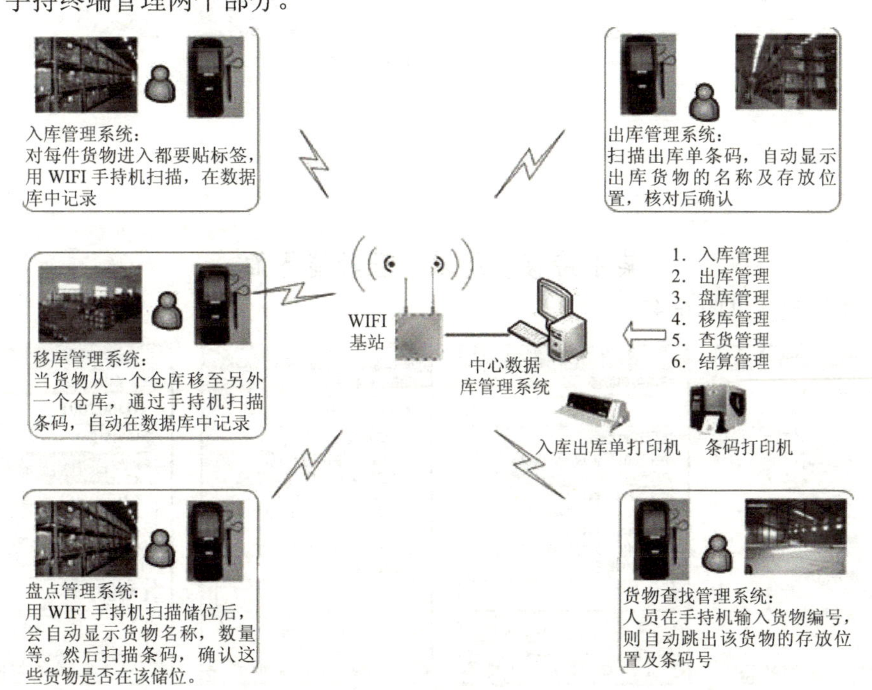

图 6-2　无线仓储管理系统

二、无线仓储管理系统有哪些优点

无线仓储管理系统的具体优点如下：

1. 准确率接近100%

每一步操作都必须经过验证方可执行，消除了错误的发生概率以及由此带来的成本。标准流程操作：杜绝人为发货错误造成财产损失，提高企业管理。

2. 降低劳动成本

库房操作人员无须花时间到处寻找货品，无须人工输入大量数据，便可精确定位货物位置，由此减少人力成本，提高生产效率。

3. 减少库存

图 6-3 是出入库流程图，刚进库的货物即可出现在销售清单上。消除过量库存，保证安全库存，减少库存核销。

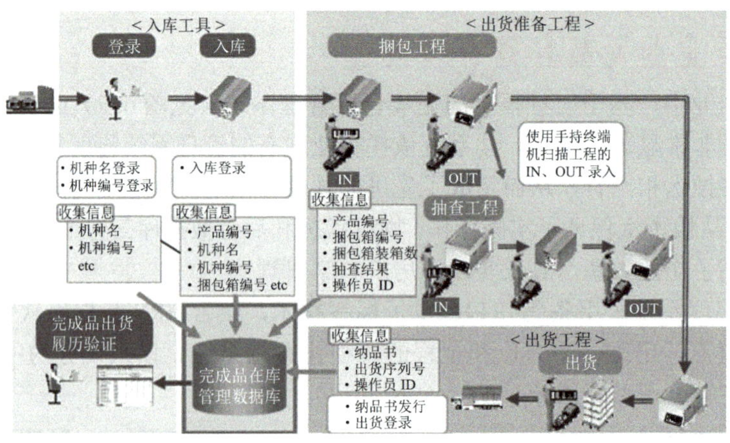

图 6-3　出入库流程图

某手持移动终端管理功能界面

1. 入库管理（见图 6-4）

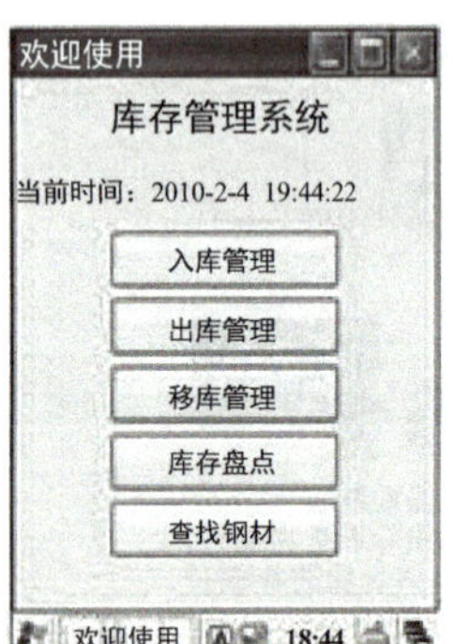

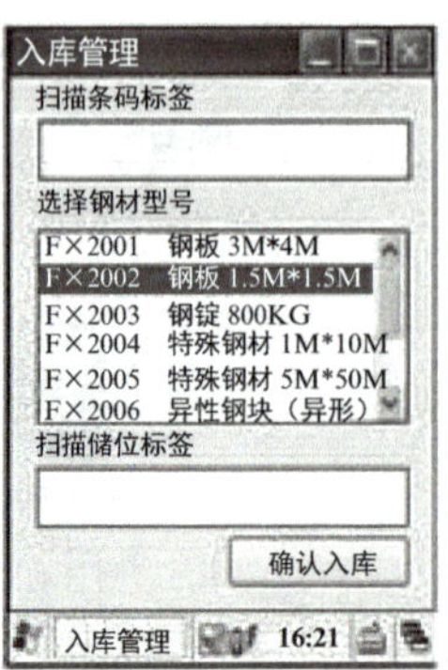

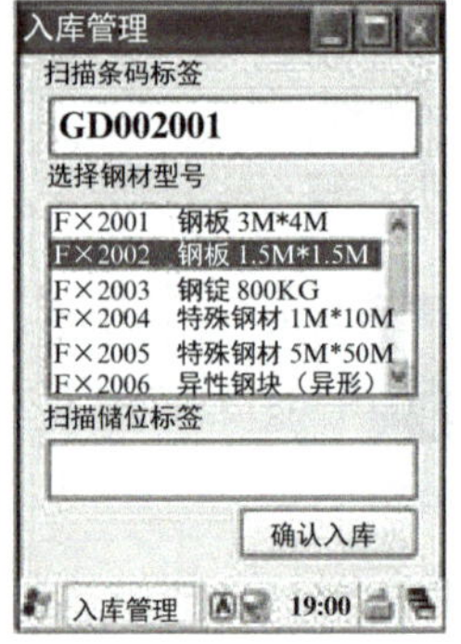

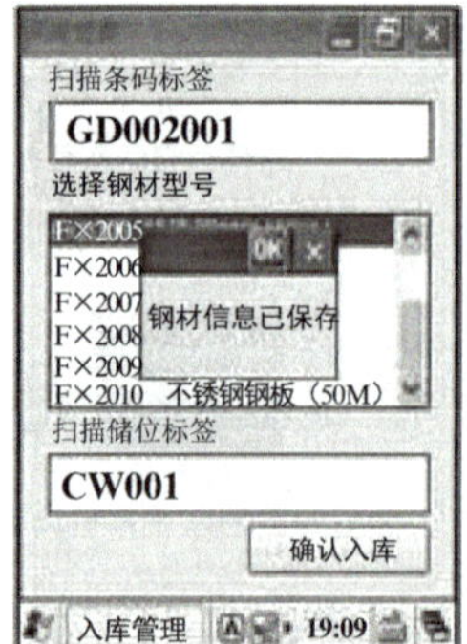

图 6-4　入库管理

2. 出库管理（见图 6-5）

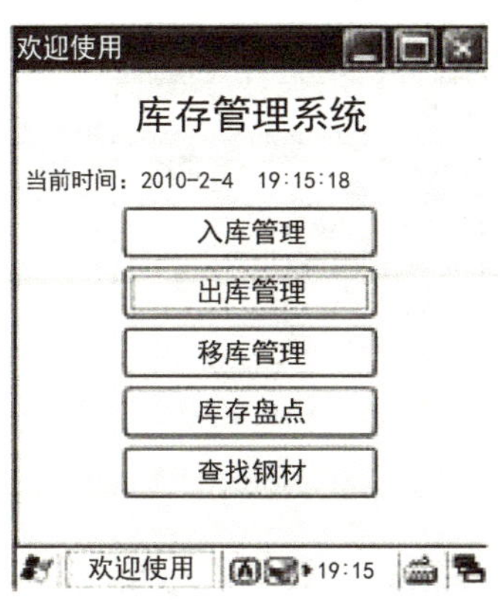

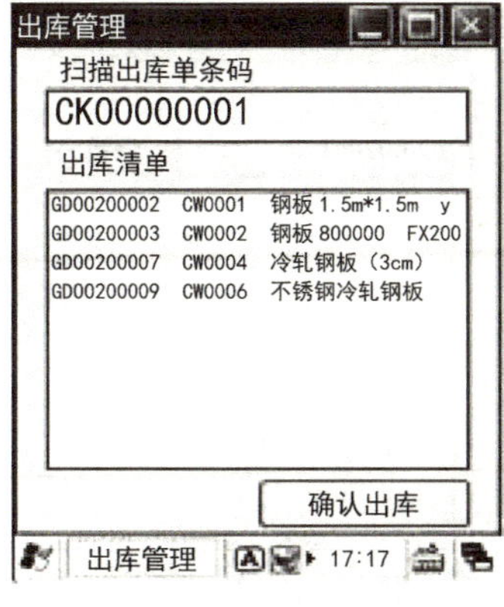

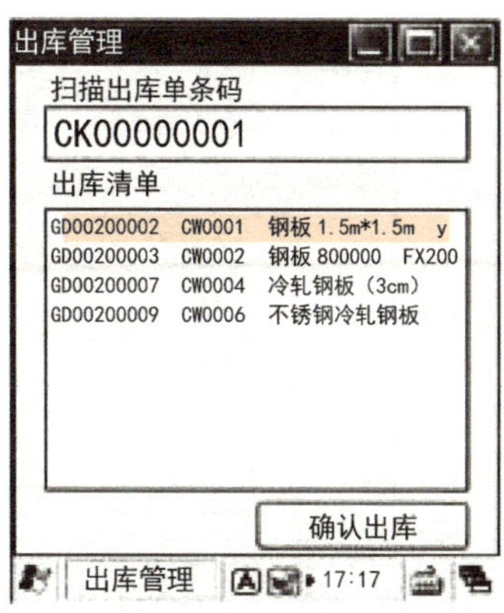

图 6-5 出库管理

3. 移库管理（见图 6-6）

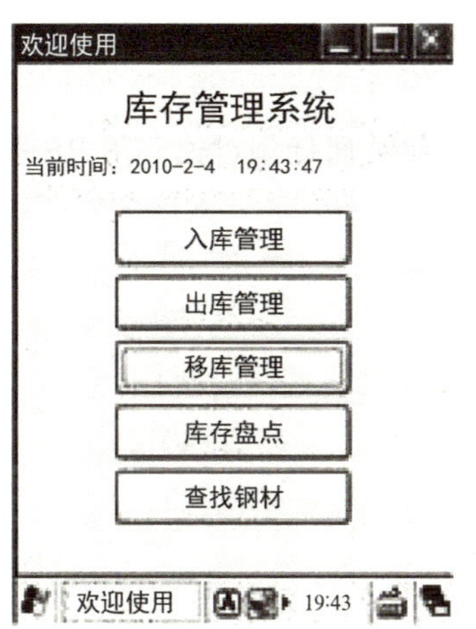

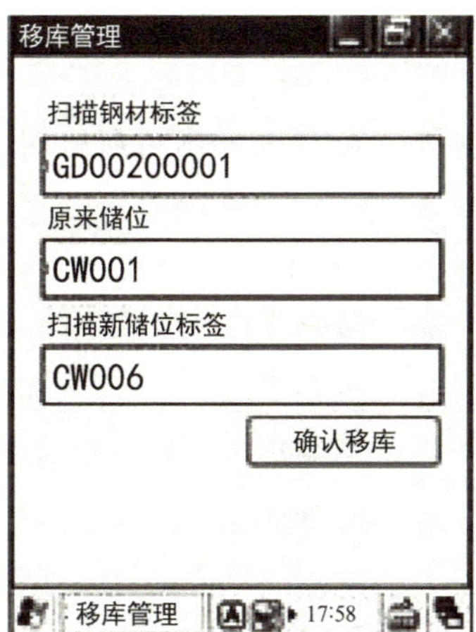

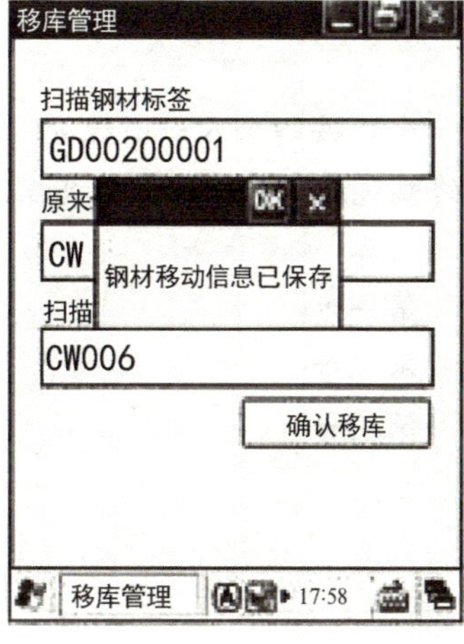

图 6-6 移库管理

4. 库存盘点（见图 6-7）

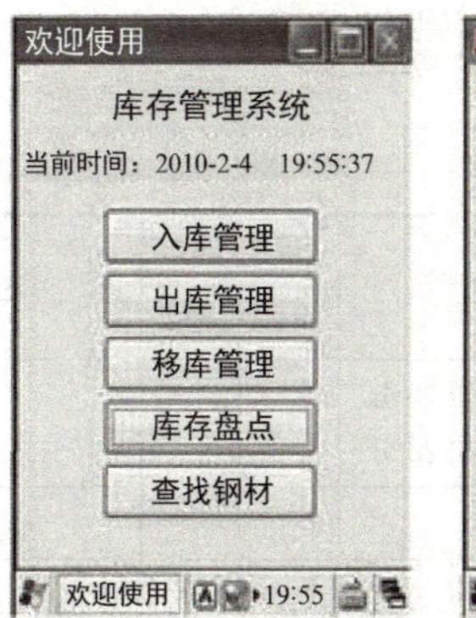

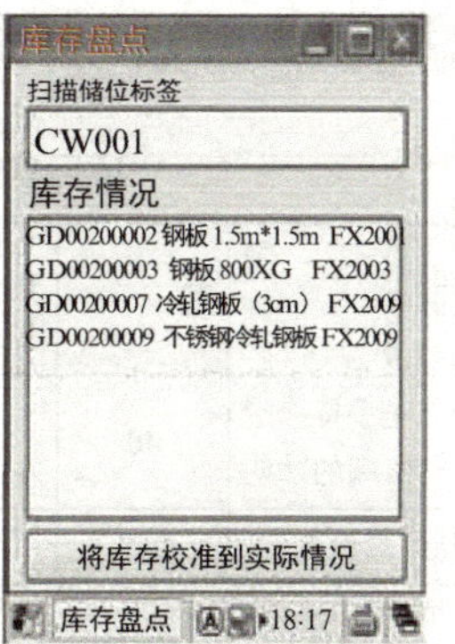

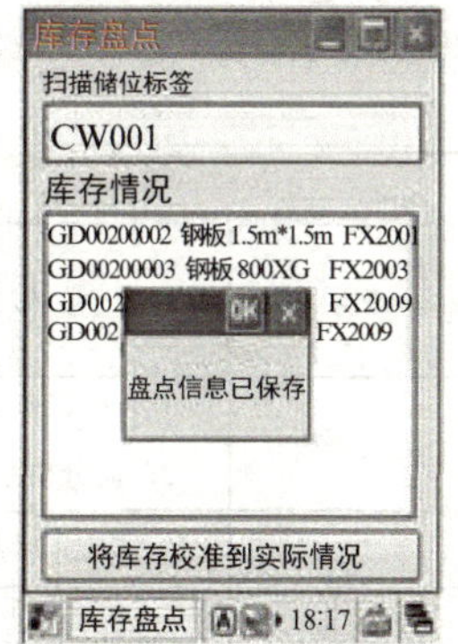

图 6-7 库存盘点

5. 货物查找（见图 6-8）

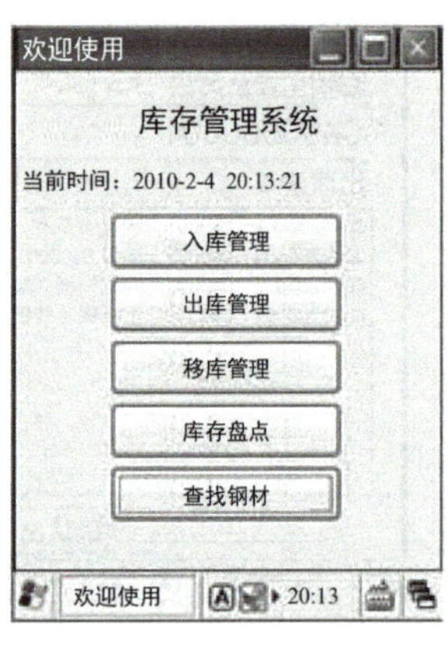

图 6-8 货物查找

任务实施

全班按四个人一小组分。根据所学知识点和书内所附图片，组员间仔细讨论利用 RF 手持终端完成商品出入库的过程。

入库

第一步:

第二步:

第三步:

……

出库

第一步:

第二步:

第三步:

……

任务巩固

每组派代表讲述利用 RF 手持终端完成商品出入库的过程。

考核与评价

项目实施评价表

<table>
<tr><th rowspan="2">考核项目</th><th rowspan="2" colspan="2">考核要求</th><th rowspan="2">配 分</th><th rowspan="2" colspan="2">评分标准</th><th colspan="2">得 分</th><th rowspan="2">备 注</th></tr>
<tr><th>自评</th><th>师评</th></tr>
<tr><td>定义解析</td><td colspan="2">1. 能解释什么是手持终端
2. 能分析手持终端的功能</td><td>40</td><td colspan="2">1. 不能解释什么是手持终端，扣 20 分
2. 不能说出手持终端的功能，扣 20 分</td><td></td><td></td><td></td></tr>
<tr><td>手持终端应用</td><td colspan="2">能够应用手持终端设备</td><td>60</td><td colspan="2">不能应用手持终端，扣 60 分</td><td></td><td></td><td></td></tr>
<tr><td>时 间</td><td colspan="2"></td><td></td><td colspan="2"></td><td></td><td></td><td></td></tr>
<tr><td>开始时间</td><td></td><td>结束时间</td><td colspan="2"></td><td>实际时间：</td><td colspan="3"></td></tr>
</table>

模块三

装卸搬运设备

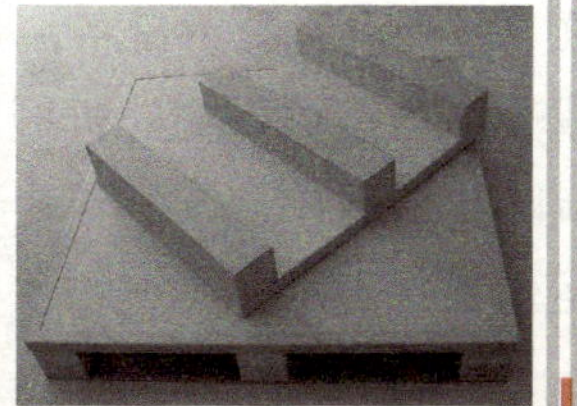

项目七　接触起重机械

学习目标

1. 认识起重机械，了解常见起重机的工作原理
2. 理解起重机械的概念、特点、作用等
3. 区分不同的起重机类型
4. 学会选择不同的起重机械

项目概述

起重机械是仓储装卸搬运活动中的一种重要设备，承担着对物资进行垂直或垂直水平三维移动的职能，对于大重型物件的移动作业特别有效，实现了物流的机械化、省力化的目标。本项目将向大家介绍起重机械的基础知识，常见的起重设备的类型、使用以及起重设备的选择原则，通过四个任务的完成来帮助大家认识起重机械，并增强对仓储物流的理解。

任务一　认识起重机械

任务描述

远东物流设备生产公司（以下简称“远东公司”），长期从事起重机械的生产与研究，但销量一直不好，因此公司打算开一个产品介绍会，让顾客了解什么是起重设备，深入挖掘潜在顾客。正好今天某公司的采购人员来该企业参观，希望了解一下起重机械，请你给他们介绍一下，让他们了解起重机械。

知识准备

一、什么是起重机械

起重机械（见图 7-1）也称起重设备，是以间歇、重复工作方式，通过起重吊钩或其他吊具起升、下降，或升降与运移重物的机械设备。因为一个完整的作业循环一般包括取物、起升、平移、下降、卸载、返回原处，直至下一次取物开始，所以起重机械就会经常处于起动、制动、正向和反向运作的状态。

图 7-1　起重机械

起重机械的基本任务是垂直升降重物，也可以兼使重物作短距离的水平移动，以满足重物装卸、转载、安装等作业要求。一方面，起重机械的使用让现代企业实现生产过程和物流作业的机械化、自动化，改善物料装卸搬运条件；另一方面，它在减轻工人劳动强度，提高装卸搬运效率方面也有显著的功效。

二、起重机械有哪些特点

起重机械是重复进行装卸搬运的机械，一个循环通常伴随着一个起升运动和一个或多个水平运动。起重设备的种类不同，其构造和工作原理也不相同，但是各类起重机械的工作特性基本相同。

起重机械的工作程序是：吊挂抓取货物，提升后进行一个或数个动作的运移，将货物放到卸载地点，然后返程作下一次动作准备（称做一个工作循环）。完成一个工作循环后，再进行下一次的工作循环。每一个工作循环中都包括载货和空返行程。因此，起重机械是一种间歇动作的机械，它具有间歇和重复的特点。在工作中，它的各工作机构经常处于反复启动、制动的状态，稳定运动的时间相对于其他机械而言较为短暂。起重机械以装卸为主要功能，搬运的功能较差，一般不作长距离的运输。大部分起重机械机体移动困难，因而通用性不强，往往是港口、车站、仓库、物流中心等处的固定设备，同时，起重机械的作业方式是从货物上部起吊，因而作业需要的空间高度较大。

三、起重机械有哪些类型

起重机械可分为轻小起重设备、起重机、升降机三大类。

1. 轻小起重设备

轻小起重设备指构造紧凑、动作简单、作业范围投影以点、线为主的轻便起重机械。轻小起重设备一般只有一个升降机构，使货物作升降运动，在某些场合也可作水平运输。属于这一类的起重设备有千斤顶、滑车（见图 7-2）、葫芦、卷扬机等。它们的特点是轻小简练、使用方便，适用于临时性和流动性的作业，手动的轻小起重设备尤其适合在无电源的场合使用。

图 7-2　滑车

2. 起重机

起重机按构造分类，包括桥架型起重机、臂架型起重机、缆索起重机三种类型。

（1）桥架型起重机。桥架型起重机（见图 7-3）是由能运行的桥梁机构和设置在桥架上的、能运行的起升机构组成的起重机械，它由桥架、起升机构、大车运行机构和小车运行机构组成。桥架沿两条平行轨道运行，小车在桥架沿小车轨道横向移动，起升机构安装在起重小车上，吊钩上下垂直升降，能在三维立体空间进行作业。

桥架型起重机包括桥式起重机、门式起重机、半门式起重机等。桥架型起重机适用于车间、仓库、露天堆场等场所。

图 7-3　桥架型起重机

（2）臂架型起重机。臂架型起重机（见图 7-4）是指具有悬伸和可旋转臂架作为主要受力构件，结合起升机构、变幅机构、旋转机构和运行机构四大机构的组合运动，能实现在圆形或长形空间进行装卸作业的起重机械。臂架型起重机可分为固定式和移动式。固定式臂架型起重机是由起升机构、变幅机构和旋转机构组成的。移动式臂架型起重机将起重机装在车辆上或其他运输工具上，并增加了运行机构。

图 7-4 臂架型起重机

一般情况下，固定式臂架型起重机可在圆柱形场地及其上空作业；自行式臂架型起重机由于增加了运行机构，具有了良好的机动性，作业范围有效扩大。臂架型起重机包括门座起重机、塔式起重机等。

（3）缆索起重机。缆索起重机是一种以柔性钢索作为大跨度架空支承架构件，供载重小车在钢索上运行，兼有垂直和水平运输功能的特种起重机械（简称缆机）。它主要由起升机构、牵引机构、大车运行机构、摆塔机构、承载索张紧机构、排绳机构，承载索系统、机房等组成。

缆机在混凝土大坝工程常被用做主要的施工设备之一，在渡槽架设、码头施工、堆料场装卸、码头搬运等方面也有广泛的用途。

3. 升降机

升降机是在垂直上下通道上，载运人或货物升降的平台或半封闭平台的提升机械设备或装置。它是由升降平台以及操纵它们用的设备、马达、电缆和其他辅助设备构成的一个整体。

升降机按照升降机结构的不同可分为：剪叉式升降机、套缸式升降机、铝合金（立柱）式升降机、曲臂式升降机（折臂式的更新换代）、链条式升降机（电梯、货梯）；按移动的方式不同可分为：移动式升降机、固定式升降机、壁挂式升降机、折叠式升降机、牵引式升降机、自行式升降机、车载式（电瓶，柴油）升降机等。

任务实施

第一步骤：组队

1. 五人一组，成立一个团队。
2. 每组推选一名组长，由组长分配任务。

第二步骤：讨论

1. 组员分工合作查找起重机的相关资料。
2. 组员讨论要向顾客介绍的内容，记录人员记录好每位成员的发言。
3. 归纳人员将本组同学的意见进行归纳整理，并将表 7-1 填写完整。

第三步骤：展示

每组派代表上台展示小组讨论的成果。

第四步骤：评价

教师对学生的表现进行点评和对知识内容进行总结。

表 7-1　起重机械知识归纳表

概　念	
作　用	
特　点	
分　类	

任务巩固

参观起重机械生产企业，了解该企业生产的起重机械类型、样式、特点等，并做好记录填入表 7-2。

表 7-2　起重机械登记表

企业名称		地　址	
产品系列	起重机械名称	样式（简图）	特点

任务二　使用常见的轻小起重机械

任务描述

经过上次的介绍，采购人员对起重机械已经有了大致的认识，希望进一步加深了解，所以想参观一下远东公司的生产车间，亲身感受起重机械的生产过程，并实际使用相关的起重设备。考虑到安全性，公司决定让你先带采购人员参观公司的轻小起重机械生产车间，并跟随介绍。作为远东公司的员工，你将如何向采购人员介绍公司的产品呢？

作业一

根据所学知识对轻小起重机械的信息进行归纳，为给顾客介绍作准备。

作业二

两人或多人一组模拟参观过程，一人扮演顾客，另一人扮演公司员工，两人进行介绍对话。

知识准备

一、常用的轻小起重机械有哪些

轻小起重机械一般只有一个升降机构，构造简单、重量轻、便于携带。最常用的有千斤顶和葫芦。

1. 千斤顶

千斤顶（见图 7-5）是一种起重高度小（小于 1 m）的最简单的起重设备。它有机械式和液压式两种。机械式千斤顶又可分为齿条式与螺旋式。由于起重量小，操作费力，一般只用于机械维修工作。液压式千斤顶结构紧凑，工作平稳，有自锁作用，因而使用广泛。不过，它的缺点是起重高度有限，起升速度较慢。

千斤顶主要用于工厂、矿区、交通运输等部门，协助完成车辆维修及其他起重、支撑等工作。其结构轻巧坚固、灵活可靠，一人即可携带和操作。千斤顶作为一种使用范围广泛的工具，采用了优质的铸造材料，这保证了千斤顶的质量和使用寿命。

图 7-5　千斤顶

2. 葫芦

葫芦按其工作原理可分为手动葫芦和电动葫芦两种类型。

（1）手动葫芦。手动葫芦是一种使用简单、携带方便的手动起重机械，适用于小型设备和货物的短距离吊运，起重量一般不超过 10t。手动葫芦分为手扳葫芦（见图 7-6）和手拉葫芦（见图 7-7）两种。手扳葫芦又包括钢丝绳手扳葫芦、环链手扳葫芦。

图 7-6　手扳葫芦

图 7-7　手拉葫芦

（2）电动葫芦（见图 7-8）。它是运用电力驱动的一种葫芦，具有体积小，自重轻，操作简单，使用方便等特点，适用于工矿企业、仓储码头等场所。起重量一般为 0.1 ～ 60t，起升高度为 2 ～ 20m。其主要构件由电动机、传动机构和卷筒或链轮组成，分为钢丝绳电动葫芦和环链电动葫芦两种。

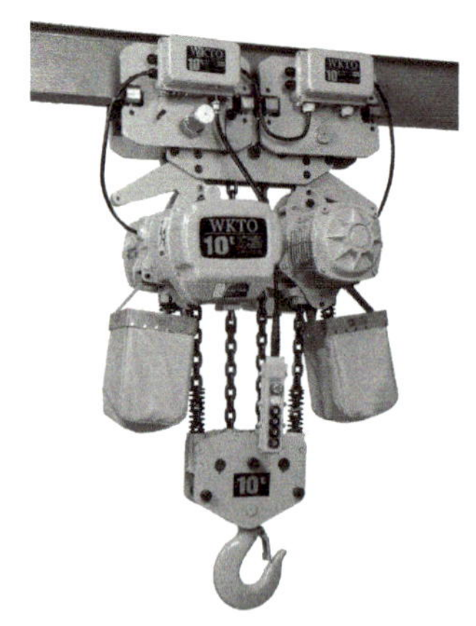

图 7-8　电动葫芦

二、如何使用千斤顶

1. 千斤顶的工作原理

根据原理的不同，千斤顶分为液压式千斤顶和机械式千斤顶两种。

液压式千斤顶的工作原理为帕斯卡原理，即液体各处的压强是一致的，由此，在平衡的系统中，小的活塞上面施加的压力比较小，而大的活塞上施加的压力也比较大，这样能够保持液体的静止。所以通过液体的传递，可以得到不同端上的不同的压力，这样就可以达到一个变换的目的。我们通常见到的液压千斤顶就是利用了这个原理来实现力的传递的。

机械式千斤顶采用机械原理，以往复扳动手柄，拔爪即推动棘轮间隙回转，小锥齿轮带动大锥齿轮使举重螺杆旋转，从而使升降套筒获得起升或下降，达到起重拉力的功能。机械式千斤顶不如液压式千斤顶简易。

2. 千斤顶的正确使用方法

千斤顶的正确使用方法如下：

（1）使用前必须检查各部分是否正常。

（2）使用时应严格遵守主要参数中的规定，切忌超高超载，否则当起重高度或起重量，超过规定时，液压缸顶部会发生严重漏油。

（3）如手动泵体的油量不足时，需先向泵中加入经充分过滤后的液压油才能工作。

（4）重物重心要选择适中，合理选择千斤顶的着力点，底面要垫平，同时要考虑到地面软硬条件，是否要衬垫坚韧的木材，放置是否平稳，以免负重下陷或倾斜。

（5）千斤顶将重物顶升后，应及时用支撑物将重物支撑牢固，禁止将千斤顶作为支撑物使用。

（6）使用过程中要避免千斤顶剧烈振动。

（7）使用时先将手动泵的快速接头与顶对接，然后选好位置，将液压泵上的放油螺钉旋紧，即可工作。欲使活塞杆下降，将手动液压泵手轮按逆时针方向微微旋松，液压缸卸荷，活塞杆即逐渐下降，否则下降速度过快将产生危险。

（8）如需几台千斤顶同时起重时，除应正确安放千斤顶外，应使用多顶分流阀，且每台千斤顶的负荷应均衡，注意保持起升速度同步。还必须考虑因重量不匀地面可能下陷的情况，防止被举重物产生倾斜而发生危险。

（9）不适宜在酸碱环境或有腐蚀性气体的工作场所使用。

（10）根据使用情况定期检查和保养。

3．千斤顶的适用范围

千斤顶一般适用于起重高度不大的各种起重作业场所，如仓库、维修部门等场所。

三、如何使用葫芦

1．葫芦的工作原理

葫芦的工作原理按不同类型分别介绍如下：

（1）手拉葫芦是通过拽动引链和链轮转动，最后经星轮或有巢链轮卷放起重链条，以带动取物装置升降的起重葫芦。

（2）手扳葫芦是通过人力扳动手柄，驱动钢丝绳或链条，以带动取物装置运动的起重葫芦。

（3）电动葫芦是由电动机驱动，最后经卷筒，经星轮或有巢链轮卷放起重绳或起重链条，以带动取物装置运动的起重葫芦。

2．葫芦的正确使用方法

葫芦的正确使用方法如下：

（1）使用前应检查吊钩、链条等是否良好，传动及制动装置是否良好。吊钩、链轮、倒卡等有变形时，以及链条直径磨损量达 15% 时，严禁使用。

（2）两台及以上链条葫芦起吊同一重物时，重物的重量应不大于每台链条葫芦的允许起重量。

（3）链条葫芦的起重链不得打扭，并且不得拆成单股使用。

（4）链条葫芦的制动片严防沾染油脂。

（5）链条葫芦不得超负荷使用，起重能力在 5t 以下的，允许一人拉链；起重能力在 5t 以上的允许两人拉链，不得随意增加人数猛拉。操作时，人不得站在链条葫芦的正下方。

（6）吊起的重物如需在空中停留较长时间时，应将手拉链拴在起重链上，并在重物上加设保险绳。

（7）链条葫芦在使用中如发生卡链情况，应将重物垫好后方可进行检修。

（8）电动葫芦详细使用方法参考各产品说明书。

3．葫芦的适用范围

葫芦的适用范围如下：

（1）用于机械工厂车间及修理厂车间，如安装设备，吊运重物。

（2）用于料库及货场，如吊运材料、堆放、码垛。

（3）用于建筑业及管道作业，如吊运预制构件或水泥管等。

（4）用于轻纺工业仓库及医院、商店、食品厂车间吊运重物。

（5）用于江河码头吊运重物。

任务实施

作业一

对本任务的知识点进行归纳整理，完成表 7-3 的填写。

表 7-3 轻小起重机械知识归纳表

设备名称	特点	工作原理

作业二

学生分组分角色模拟参观的场景，详细介绍轻小起重机械。

任务巩固

实际操作千斤顶或起重葫芦，并在表 7-4 中记录使用情况。

表 7-4 轻小起重机械使用记录表

设备名称			
设备规格			
起重物件信息	物件名称	体积	质量
起重过程记录			
起重效果分析			

任务三 了解大型起重机械

任务描述

上一次的参观及介绍，采购人员非常满意，这越发加深了他们对远东公司的印象，也坚定了他们购买该公司产品的信心。不过轻小起重机械不适合他们公司生产运作的需要，他们公司的物件大都比较重、体积比较大，要挪移的空间范围也比较大，所以装备大型的起重机械最符合企业生产运作的需要，也最能发挥起重机械的效用，因此采购人员决定购买远东公司的大型起重机械。作为公司员工，接下来你的任务就是将公司的大型起重机械介绍给采购人员。

知识准备

一、桥架型起重机有哪些

桥架型起重机的最大特点，是以桥形金属结构作为主要承载构件，取物装置悬挂在可以沿主梁运行的起重小车上。桥架型起重机通过起升机构的升降运动、小车运行机构和大车运行机构的水平运动，在矩形三维空间内完成对物料的搬运作业。桥架型起重机根据结构形式不同还可以进一步分为桥式起重机（俗称为天车、行车）、门式起重机（被称为带支腿的桥式起重机，包括装卸桥和集装箱门式起重机）和半门式起重机。

1. 桥式起重机

桥式起重机是横架于车间、仓库和料场上空进行物料吊运的起重设备。由于它的两端坐落在高大的水泥柱或者金属支架上，形状似桥。它是使用范围最广、数量最多的一种起重机械。

常见的桥式起重机有：吊钩桥式起重机、抓斗桥式起重机、电磁桥式起重机、三用桥式起重机和双小车桥式起重机。

（1）吊钩桥式起重机（见图 7-9）。吊钩桥式起重机由金属结构、大车运行机构、小车运行机构、起升机构、电器及控制系统及驾驶室组成。取物装置为吊钩，这类起重机适用于多种作业环境，完成装卸和搬运物料及设备的作业。

图 7-9　吊钩桥式起重机

（2）抓斗桥式起重机（见图 7-10）。抓斗桥式起重机的装置为抓斗，以钢丝绳分别连接抓斗起升、起升机构、开闭机构。它主要用于废旧钢铁、散货（煤、石子）、木材等物料的装卸、吊运作业。这种起重机除了起升闭合机构以外，其结构部件与吊钩桥式起重机相同。

图 7-10　抓斗桥式起重机

（3）电磁桥式起重机（见图 7-11）。电磁桥式起重机的基本构造与吊钩桥式起重机大致相同，不同之处在于吊钩上挂一个直流起重电磁铁，又称为电磁吸盘，用来吊运具有导磁性的钢铁材料及其制品。

图 7-11 电磁桥式起重机

（4）三用桥式起重机。三用桥式起重机是一种多用途的起重机。其基本构造与电磁桥式起重机大致相同。根据需要它可以用吊钩吊运重物，也可以在吊钩上挂一个电动机抓斗装卸物料，还可以把抓斗卸下来再挂上电磁吸盘吊运钢铁材料，故称为三用桥式起重机。这种起重机一般适用于经常变换取物装置的物料装卸场所。

（5）双小车桥式起重机。这种起重机与吊钩桥式起重机基本相同，只是在桥架上装有两台起重量相同的小车。这种机型用于吊运与装卸长形物件。

2. 门式起重机

门式起重机（见图 7-12）又称龙门起重机，它的金属结构外形像龙门架，是桥式起重机的一种变形。在港口应用中，主要完成室外货场、料场货、散货的装卸作业。在集装箱吊运方面功效显著，为绝大多数港口、码头所采用。它的金属结构像门形框架，其承载主梁下安装有两条支脚，可以直接在地面的轨道上移动，主梁两端有的具有外伸悬臂梁，可以扩展作业范围。门式起重机具有场地利用率高、作业范围大、适应面广、通用性强等特点，在港口货场等场所得到广泛使用。

图 7-12 门式起重机

门式起重机一般根据主梁形式、取物装置及小车配置等特征来进行分类。

（1）按主梁形式划分，门式起重机可分为单主梁门式起重机和双梁桥式起重机。

单主梁门式起重机结构简单，制造安装方便，自身质量小，主梁多为偏轨箱形架结构。与双梁门式起重机相比，整体刚度要弱一些。

双梁桥式起重机承载能力强，跨度大，整体稳定性好，品种多，但自身质量与相同起重量的单主梁门式起重机相比要大些，造价也较高。根据主梁结构不同，双梁桥式起重机又可分为箱形梁和桁架两种形式。目前一般多采用箱形结构。

（2）按取物装置划分，门式起重机可分为吊钩门式起重机、抓斗门式起重机、电磁门式起重机、三用门式起重机等。

（3）按小车配置划分，门式起重机可分为单小车、双小车门式起重机。

另外，通常还会按用途形式划分，门式起重机可分为普通龙门起重机、水电站龙门起重机、造船龙门起重机、集装箱龙门起重机（见图 7-13）。

图 7-13　集装箱龙门起重机

二、臂架型起重机有哪些

臂架型起重机主要包括固定式和移动式两大类。其中固定式臂架型起重机有柱式悬臂起重机；移动式臂架型起重机主要有门座起重机、塔式起重机等。

1. 柱式悬臂起重机

柱式悬臂起重机是悬臂可绕固定于基座上的定柱回转，或与能在基础内支撑回转的转柱固定在一起的悬臂起重机，见图 7-14。它适用于起重量不大，作业服务范围为圆形或扇形的场合，一般用于机床等的工件装卡和搬运。

图 7-14　柱式悬臂起重机

2. 门座起重机

门座起重机（见图 7-15）是指安装在门座上，下方可通过铁路或公路车辆的移动式臂架型起重机。

图 7-15　门座起重机

3. 塔式起重机

塔式起重机（见图 7-16）的构造与门座起重机相同，其结构特点是悬架长、塔身高、设计精巧，可以快速安装、拆卸。其轨道临时铺设在工地上，以适应经常搬迁的需要。

图 7-16　塔式起重机

小贴士

起重机的维护保养

1. 机械设备维护与保养

（1）各机构的制动器应经常进行检查和调整制动轮的问题，保证灵活、可靠，其间隙保证在 0.5 ～ 1.0mm。在摩擦面上，不应有污物存在，遇有污物必须用汽油或稀料洗掉。

(2)减速箱、变速箱、外啮合齿轮等各部分的润滑以及液压油均按润滑表中的要求进行。

(3)要注意检查和部钢丝绳和松股现象，如超过有关规定，必须立即更新。钢丝绳的维护、保养应严格按GB/T 5972—2009《起重机钢丝绳保养、维护安装、检验和报废》规定。

(4)凡开式齿轮传动必须有防护罩，行走开式齿轮因下部有外露部分，因此要经常检查轨道的清洁，使砂粒、泥土等不致进入齿轮，而损坏齿轮。

(5)经常检查各部连接情况，如有松动，应预拧紧。塔身连接螺栓应在塔身受压时检查松紧度(可采用旋转臂架的方法造成受压状态)。所有连接销轴者必须有开口销，并需张开。

(6)经常检查各机构转动是否正常，有无噪声，如发现故障，必须及时排除。

2．液压爬升系统的维护和保养

(1)使用液压油润滑表中的规定进行加油和更换，并清洗油箱内部。

(2)溢流阀的压力调整后，不得随意变动，每次进行爬升之前，应用油压表检查其压力是否正常。

(3)应经常检查各部分管接头是否坚固严密，不准有漏油现象。

(4)滤油器要经常检查有无堵塞，检查安全阀在使用后调整值是否变动。

(5)液压泵、液压缸和控制阀如发现渗漏应及时检修。

(6)安装和大修后初次起动液压泵时，应先检查入口和出口是否接反，转动方向是否正确。吸油管路是否漏气，然后用手试转，最后在规定转速内起动和试转动。

(7)在冬季起动时，要开开停停往复数次，待油温上升和控制阀动作灵活后再正式使用。

3．金属结构的维护与保养

(1)在运输中应尽量防止构件变形及碰撞损坏。

(2)在使用期间，必须定期检修和保养，以防锈蚀。

(3)经常检查结构连接螺栓、焊缝及构件是否损坏，变形和松动等情况。

4．电气系统的维护与保养

(1)经常检查所有的电线、电缆是否有损伤，要及时包扎和更换已损伤的部分。

(2)遇到电动机有过热现象要及时停车，排除故障后再继续运行，电动机轴承润滑要良好。

(3)各部分电刷，其接触面要保持清洁，调整电刷压力，使其接触面积不小于50%。

(4)各控制箱、配电箱等经常保持清洁，及时清扫电气设备上的灰尘。

(5)各安全装置的行程开关的触点开闭必须可靠，触点弧坑应及时磨光。

(6)每年摇测保护接地电阻两次(春、秋)，保证不大于4Ω。

任务实施

第一步骤：组队

1. 五人一组，成立一个团队。
2. 每组推选一名组长，由组长分配任务。

第二步骤：讨论完成任务

1. 每组任选一种起重机械，组员查找相关资料。
2. 组员讨论要向顾客介绍的内容，记录人员记录好每位成员的发言。
3. 归纳人员将本组同学的意见进行归纳整理。

第三步骤：展示

组长上台将小组讨论的成果向大家介绍本组展示的起重机械的内容。

第四步骤：评价

教师对学生的行为进行点评和对知识内容进行总结。

任务巩固

列举 5 种大型起重机械的特点及适用范围，记录在表 7-5 中。

表 7-5　大型起重机械记录表

起重机名称	特　点	适 用 范 围

任务四　如何选择起重机械

任务描述

经过不懈的努力，该采购人员已决定购买远东公司的大型起重机械。但是远东公司所生产的大型起重机械种类多、功能各异，采购人员在购买过程中，要如何进行选择呢？你能否针对起重机械的具体参数介绍起重机械的选择原则？

知识准备

合理选择机型及性能参数，是正确使用起重机械的重要前提条件。它对提高作业效率，充分发挥起重机械的有效功能，满足使用要求，降低使用成本，提高经济效益，确保运行安全都具有十分重要的意义。

起重机械的选型，首先是方案抉择、选型的技术评估和经济论证，然后确定起重机械的类型、总体结构、主要技术性能参数。有时，以上内容相互交叉考虑，要求所选机型在技术上先进，经济上合理，生产作业上适用，以及有良好的投资效益。具体来讲，应从以下五点出发选择起重机械。

1. 类型的选择

起重机械类型的选择，一般要根据装卸搬运场所、货物种类、作业性质进行选择。例如，工作场所为仓库、车间，则应主要选择桥式起重机；货场、车站、造船生产线，则应选择门式起重机和门座起重机；港口、码头，则应该根据货种和港口码头专业化程度，一般可选用专用途和多用途起重机，如货种为散货，港口码头前沿可选用抓斗装卸桥和抓斗门座起重机，后方堆场可选用门式起重机，件杂货码头可选用吊钩起重机；集装箱专用码头，应选择岸边集装箱起重机、多用途装卸桥或多用途门座起重机等。

2. 结构型式的选择

选择合适的结构型式，可使起重机械在各种特定安装尺寸和作业方式下更好地满足使用要求。选择时，要考虑到起重机械主体结构。

主体结构的选择要坚持两个原则：①性能和标准化原则；②经济性原则。性能方面，如要求有合适的工作速度和动作平衡性。标准化方面，如部件通用化、标准化程度等。然后，根据起重机机械应用场合、装卸搬运货物种类，合理选择工作机构、取物装置和操纵方式。对起重机械的机构要充分考虑到设计规范规定的标准，若因场地或作业环境所限，必须在选用非标准结构时，用户与设计制造厂对设计方案进行共同论证。

3. 技术性能参数的选择

起重机械主要技术性能参数一般根据使用场合、作业性质进行选择。一般应以起重机可能遇到的最大起吊物来确定起重量，同时考虑转载工作的条件或工艺过程的要求。起重机不允许超载使用，因此在起吊物经常发生变化的场合，起重机应考虑一定的容量。起升高度要考虑越过障碍物高度和吊具本身所占的高度进行选择，一般与室内和厂房高度有关，大致为 16m，室外不限。起重机的跨度按厂房的跨度，或按工作需要如场地大小选择。起重机的幅度按工作范围或者船舶尺寸大小等因素选择。工作速度直接影响起重机的生产效率，装卸用的起重机一般起重速度、小车运行速度都较高，安装作业要求的起重机的起重速度较低。起重机工作级别是一个综合参数，根据起重机的利用等级和载荷状况选择合适的工作级别。

4. 数量的确定

起重机械的台数直接影响企业的最大工作量，是影响工作效率的最重要因素，所以要依据企业经营规划和目标、货物年物流量、生产作业任务、现场起重机械布置和配置方案等因素进行确定。

5. 价格是选择起重机的重要因素之一

这不仅要考虑起重机本身的价格，还应考虑起重机的全寿命周期成本，既包括起重机成本，还要包括使用成本，如运行费用、维修费用、备品备件费用，甚至还要考虑由于起重机故障停机影响生产和装卸作业而造成的直接和间接损失，要进行综合效益分析，追求最佳的性能价格比。因此起重机的功能、性能和可靠性也要作为价格的一个重要组成部分。在选型时，要进行价格评估，尽量购置最佳性能价格比的起重机械。

价格比较的实质不是对机械种类进行评估，而是对功能进行评估。价格评价的评估依据是功能价值。要进行功能评估，通常将起重机械的基本功能、必需功能和附加功能逐个列表比较。在保证基本功能满足必需功能的条件下，适当地列入所需要的附加功能，并分项给出价格比值，然后根据功能评价对可有可无的功能和可以适当降低性能要求的功能进行修改，再确定所选机型的技术要求。功能评价的全过程实际上是功能筛选的过程，是企业核实对起重机械的要求和自身财力的过程，也就是企业评价起重机械性能、价格和衡量投资能力的过程。

小贴士

起重机有哪些安全装置

为了确保起重作业安全可靠，起重机装有较完善的安全装置，以便在意外的情况下，保护机件或提醒操作人员注意，从而起到安全保护作用。

1．液压系统中各溢流阀

液压系统中各溢流阀可抑制回路中的异常高压，以防止液压泵及马达的损坏，并防止处于过载状态。

2．吊臂变幅安全装置

当不测事故发生，吊臂变幅液压缸回路中的高压软管或油管爆裂或切断时，液压回路中的平衡阀就起作用，锁闭来自液压缸下腔的工作油，使吊臂不致下跌，从而确保作业的安全性。

3．吊臂伸缩安全装置

当不测事故发生，吊臂伸缩液压缸回路中的高压软管或油管爆裂或切断时，液压回路中的平衡阀就起作用，锁闭来自液压缸下腔的工作油，使吊臂自己缩回，从而确保作业的安全性。

4．高度限位装置

吊钩起升到规定的高度后，碰触限位重锤，打开行程开关，“过绕”指示灯即亮，同时切断吊钩起升、吊臂伸出等动作的操作而确保安全。这时只要操纵吊钩下降，吊臂缩回或吊臂仰起（即向安全方操作）等手柄时，使限位重锤解除约束，操作即恢复正常。在特殊的场合，如仍需要作微量的过绕操作，可按下仪表盒上的释放按钮，此时限位的作用便解除，但此时的操作必须十分谨慎小心，以防发生事故。

5．支腿锁定装置

当不测事故发生，通往支腿垂直液压缸的高压软管或油管破裂或切割时，液压系统中的双向液压锁能封锁支腿封锁液压缸两腔的压力油，使支腿不缩或甩出，从而确保起重作业的安全性。

6．起重量指示器

起重量指示器设置在基本臂的右侧方（即操纵室的右侧面），操作者坐在操纵室内便能清楚地观察到，能准确地指示出吊臂的仰角及对应工况下起重机允许的额定起重量。

7．起重特性表

设置在操纵室内前侧下墙板上，该表列出了各种臂长和各种工作幅度下的额定起重量和起重高度，以便操作时查阅。起重作业时，切不可超过表中规定的数值。

任务实施

认真学习本任务知识点，针对起重机械的具体参数归纳出起重机械的选择原则，完成表 7-6 的填写。

表 7-6　起重机械的选择原则

选择依据	选择原则
类　　型	
结构形式	
技术性能	
数　　量	
价　　格	

任务巩固

参观物流园区或港口码头，调查起重机械的使用情况，并汇总到表 7-7 中。

表 7-7　起重机械的使用情况

调 查 对 象			
地　　址			
起重设备名称			
使 用 情 况			
符合企业生产运作的需要（　）		不符合企业生产运作的需要（　）	
对企业生产运作的作用		不足之处	
		改进意见	
		推荐设备名称	

考核与评价

项目实施评价表

考 核 项 目	考 核 要 求	配　　分	评 分 标 准	得　分		备　　注
				自评	师评	
类型识别	1. 说出教师提供的某类起重机械图片的名称 2. 至少指出该类起重机械的 2 个特点	30	1. 不能说出某类起重机械的名称，扣 5 分 2. 特点错、漏，每处扣 5 分			
千斤顶操作	1. 正确选择重物重心 2. 正确使千斤顶活塞杆提升 3. 正确选择辅助支撑物与使用 4. 正确使千斤顶离开重物	70	1. 没有选择正确的重物重心，扣 15 分 2. 无法正确提升重物，扣 20 分 3. 没有选择辅助支撑物，扣 15 分 4. 无法正确使千斤顶离开重物，扣 20 分			
安全规范	自觉遵守安全文明生产规程		1. 每违反一项规定，扣 3 分 2. 发生安全事故，0 分处理 3. 漏接接地线一处，扣 5 分			
时　间	30min		提前正确完成，每 5min 加 2 分 超过定额时间，每 5min 扣 2 分			
开始时间：		结束时间：		实际时间：		

项目八　接触连续输送机械

学习目标

1. 认识连续输送机械
2. 了解连续输送机械的构成要素
3. 理解连续输送机械的作用、特点
4. 熟悉常见的输送机械的类型
5. 学会选择连续输送机械

项目概述

物料输送是“装卸搬运”的主要组成部分，在物流各阶段的前后和同一阶段的不同活动之间，都必须进行输送作业。在现代物流活动中，连续输送机械承担物料的运输任务，把各物流阶段连接起来，提升了整个物流系统的自动化水平，是仓储物流重要的设备。本项目将引导大家了解连续输送机械，认识常见的连续输送机，并熟悉连续输送机械的应用。

任务一　认识连续输送机械

任务描述

随着快递业务需求量的飞速发展，大大小小的快递公司应运而生，程远快递公司就是其中一员。为了适应公司规范发展的需要，该公司准备购置一批连续输送机械，以提高公司整体运作效率，提升服务质量。但该公司是由小型的运输公司转型而来，所以对自动化设备接触不多，大多数员工还不知道什么是连续输送机械，所以经理找新加入公司的你来给大伙儿介绍一下连续输送机械的概念、特点、类型等知识。

知识准备

一、什么是连续输送机械

连续输送机械也称连续运输机械、输送机、连续搬运设备，是以连续的方式沿着一定的线路从装货点到卸货点均匀输送货物和成件包装货物的机械。

在现代化货物或物料搬运系统中，输送机械担当着重要的作用。输送机械是生产加工过程中组成机械化、连续化、自动化的流水作业运输线中不可缺少的组成部分，是配送中心、自动化仓库、大型货场的生命线。

二、连续输送机械有哪些特点

输送机械与起重机械相比，它的特点是可以沿一定的线路和方向不停地输送货物；其工作构件的装卸功能都是在运动过程中进行的，较少停顿，即起动、制动次数少；被输送的散货以连续形式均匀地分布于承载构件上，输送的成件货物也同样按一定的次序以连续的方式移动。其优缺点如下：

1. 连续输送机械的优点

连续输送机械的优点主要有：

（1）可以采用较高的运行速度，且速度稳定。

（2）具有较高的生产率。

（3）在同样的生产率下，自重轻，外形尺寸小，成本低，驱动功率小，传动机械的零部件负荷较低而冲击小，结构紧凑，制造和维修容易。

（4）输送货物线路固定，动作单一，便于实现自动控制。

（5）工作过程中，负载均匀，所消耗的功率几乎不变。

2. 连续输送机械的缺点

连续输送机械的缺点主要有：

（1）一般只能按照一定的路线输送，且每种机型只能用于一定类型的货物。

（2）一般不适于运输重量很大的单件物品，因此通用性比较差。

（3）大多数连续输送机械不能自行取货，因而需要配备特定的供料设备进行辅助。

三、连续输送机械有哪些类型

1. 按输送机械结构特点划分

按输送机械的结构特点划分，连续输送机械可分为：

（1）具有挠性牵引构件的输送机械。其工作特点是被运物品放在牵引构件上或工作构件内，利用牵引构件的连续运转使物品往一定方向进行运送。常见的有带式输送机（见图8-1）、链式输送机、埋刮板输送机、悬挂输送机、斗式提升机。

图 8-1　带式输送机

（2）无挠性牵引构件的输送机械。其工作特点是利用工作构件的旋转运动或往复运动使货物沿封闭的管道或料槽移动。常见的有气力输送机、旋转输送机、振动输送机等。

2．按安装方式不同划分

按安装方式不同划分，连续输送机械可分为：

（1）固定式输送机。它是指整个输送机固定地安装在特定的地方，不能再移动。它主要用于固定输送场合。例如，仓库中货物移动，工厂生产工序之间的输送，原料的接收和成品的发放等。其特点是输送量大、单位电耗低、效率高。

（2）移动式输送机（见图 8-2）。它是指整个设备安装在车轮上，可以移动。其特点是机动性强，利用率高，能及时布置输送作业达到装卸要求。这类设备输送量不太高，输送距离不长，适用于中小型仓库中。

图 8-2　移动式输送机

3．其他分类方法

（1）按输送货物力的形式划分，连续输送机械可分为机械式、惯性式、气力式、液力式。

（2）按输送货物的种类划分，连续输送机械可分为输送件货输送机和输送散货输送机。

任务实施

第一步骤：组队

1．五人一组，成立一个团队。

2．每组推选一名组长，组长分配任务，将本次介绍任务所涉及的知识内容分配给组员，由组员课前查找资料，并汇总整理。

第二步骤：讨论完成任务

1．组员分工合作查找连续输送机械相关知识的资料。

2．组员讨论要向公司员工介绍的内容，记录人员记录好每位成员的发言。

3．归纳人员将本组同学的意见进行归纳整理，形成演示文稿。

第三步骤：展示

每组派代表上台将小组讨论的成果向大家展示。

各组选一位评委，组成评分组，为每一小组的展示成果打分。

最后选出几个优秀的小组。

第四步骤：评价

教师对学生的表现进行点评并对知识内容进行总结。

任务巩固

1. 将连续输送机械的功能、特点、类型等汇总在表 8-1 中。

表 8-1　连续输送机械的功能、特点、类型汇总表

功　能	特　点	类　型

2. 按照不同的分类方法对连续输送机械进行分类，罗列在表 8-2 中。

表 8-2　连续输送机械的分类

分类标准	类　型	相应的设备

任务二　熟识常见的连续输送机械

任务描述

经理听了你对连续输送机械的概念和特点介绍后，觉得连续输送机械确实能提高公司的物流运作效率，所以经过多方讨论，公司决定购买连续输送机械。但又有一个问题摆在了经理的面前，买哪种连续输送机械好？请你向经理介绍一些常见连续输送机械及其特点、分类。

知识准备

一、带式输送机

1. 什么是带式输送机

带式输送机是仓库广泛使用的装卸搬运机械，它以封闭无端的输送带作为牵引构件和承载构件的连续输送货物机械，其结构图见图 8-3。输送带有橡胶带、帆布带、塑料带和钢芯带四大类，其中以橡胶输送带应用最广。

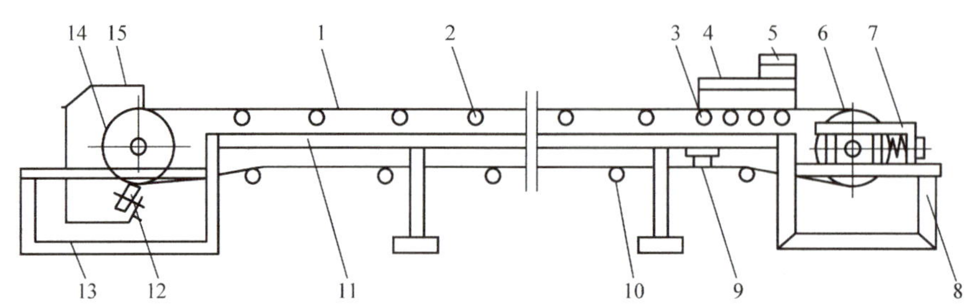

图 8-3 带式输送机结构图

1—输送带 2—上托辊 3—缓冲托辊 4—导料板 5—加料斗 6—改向滚筒 7—张紧装置 8—尾架 9—空段清扫器 10—下托辊 11—中间架 12—弹簧清扫器 13—头架 14—传动滚筒 15—头罩

2. 带式输送机有哪些特点

带式输送机主要用于水平方向或坡度不大的倾斜方向连续输送散粒货物，也可用于输送重量较轻的大宗成件货物。带式输送机的主要特点如下：

（1）输送距离长，输送能力强，生产率高。

（2）结构简单，基建投资少，营运费用低。

（3）输送线路可以呈水平倾斜布置或水平方向、垂直方向弯曲布置，布置形式灵活，受地形条件限制较小。

（4）工作平稳，操作简单，安全可靠，易实现自动控制。

3. 带式输送机有哪些类型

带式输送机类型较多，具体有以下不同的分类方法。

（1）带式输送机按能否移动可分为：固定式带式输送机、移动式带式输送机、可伸缩带式输送机等。

（2）带式输送机按布置形式可分为：水平式带式输送机（见图 8-4）、倾斜式带式输送机、曲线式带式输送机等。

图 8-4 水平式带式输送机

（3）带式输送机按输送带的材质可分为：橡胶带输送机、纤维织带输送机、塑料网带输送机、钢带输送机等。

在具体使用时，应根据输送工艺的实际需要进行合理选择，灵活配置输送带、支承机构、动力机构等部件，使带式输送机的功能得到最大的发挥。

4. 如何使用与维护带式输送机

使用与维护带式输送机的注意事项如下：

（1）加料要均匀。料应加在输送带的中心线附近，防止带的振动或走偏。

（2）尽量使加料的初速度方向与带的运动方向相同。减小加料高度，以减轻对带的冲击。

（3）输送散物料时，注意清扫输送带的正反两面，保持带与滚筒及托辊间的清洁，减少磨损。

（4）保证润滑。及时加注润滑剂，以减小摩擦阻力。

（5）向上输送物料的倾角过大时，最好选用花纹输送带，以免物料滑下。

（6）经常检查和调整带的张紧程度，防止带过松而使输送带产生振动或走偏。

二、链式输送机

1. 什么是链式输送机

链式输送机（见图 8-5）是连续输送机械的一种主要形式。链式输送机是用绕过若干链轮的无端链条作牵引构件，由驱动链路通过轮齿与链节的啮合将圆周牵引力传递给链条，在链条连接着的工作构件上输送货物。

图 8-5　链式输送机

2. 链式输送机有哪些类型

链式输送机根据链条上安装的承载面的不同，可分为：链条式输送机、板链式输送机、刮板式输送机、埋刮板输送机等。下面将常见的几种链式输送机进行介绍。

（1）链条式输送机。它是以链条为传动元件及输送元件的输送机。该种输送机以链条为导轨，将货物以承托方式进行输送。其输送元件使用最多的是滑动链和滚动链。因此，此类输送机根据所使用的链条不同又可分为滑动链条式和滚动链条式。

（2）板链式输送机。它的结构和工作原理与带式输送机相似，它们的区别在于带式输送机用输送带牵引和承载物，靠摩擦驱动传递牵引力，而链板输送机则用链条牵引，用固定在链条上的板片承载货物，靠啮齿驱动传递牵引力。

（3）刮板式输送机（见图 8-6）。它是利用相隔一定间距而固定在牵引链条上的刮板，沿敞开的导槽刮匀散货并将其沿一定方向移动的机械。

（4）埋刮板输送机。它是指在无端的链条上相隔一定距离固定一块刮板，链条和刮板在封闭的矩形断面管道内运动，由加料口导入管内的物料被刮板带动的机械。其特点是，在工作时，刮板和链条完全埋在物料之中。

图 8-6　刮板式输送机

3. 如何使用与维护链式输送机

（1）输送机轨道的维护。输送机停止运行时，检查轨道是否能轻易打开，必要时可润滑一下铰链；输送机停止运行时，保持轨道清洁。

（2）牵引链条的维护。由于工作条件不同，链条的磨损情况有很大差别，因此，链条运行 3 ～ 6 个月后，应仔细检查链条零件的状况，及时润滑并按工作条件制定检查、润滑周期。

（3）保证润滑。链式输送机在中等运行速度（8 ～ 15m/min），每天运行 8h，每周工作 5 日，室内温度适中（不超过 55℃），其润滑周期为一个月左右；如运行速度较低润滑相应减少；当输送机工作时间较长以及工作环境恶劣时，润滑规则需作相应的调整。

（4）定期检查输送机的驱动装置。检查零件的磨损情况及是否有松动的零部件，避免非正常情况下运作，致使驱动装置故障。

三、辊子输送机

1. 什么是辊子输送机

辊子输送机是利用按一定间距架设在固定支架上的若干个辊子来输送成件物品的输送机，见图 8-7。固定支架一般由若干个直线或曲线的分段按需要拼成。

图 8-7　辊子输送机

2. 辊子输送机有哪些特点

辊子输送机可以单独使用，也可在流水线上与其他输送机或工作机械配合使用，具有结构简单、工作可靠、安装拆卸方便、易于维修、线路布置灵活等特点。

3. 辊子输送机有哪些类型

按辊子是否具有驱动装置划分，辊子输送机可分为无动力式和动力式两类。

（1）无动力式辊子输送机（见图 8-8）又称辊道，有长辊道和短辊道两种。长辊道的辊子表面形状有圆柱形、圆锥形和曲面形几种，比较常见的是圆柱形长辊道。辊道的曲线段采用圆锥形辊子或双排圆柱形辊子，以实现货物在输送机上转弯。短辊道可以缩短辊子的间距，自重较轻。

（2）动力式辊子输送机（见图 8-9）。常用于水平的或向上微斜的输送线路。驱动装置将动力传给辊子，使其旋转，通过辊子表面与输送物品表面间的摩擦力输送物品。根据驱动方式的不同分为单独驱动和成组驱动。前者的每个辊子都配有单独的驱动装置，以便于拆卸。后者是若干辊子作为一组，由一个驱动装置驱动，以降低设备造价。

图 8-8 无动力式辊子输送机

图 8-9 动力式辊子输送机

4. 如何使用与维护辊子输送机

使用与维护辊子输送机的注意事项如下：

（1）使用前应检查滚柱是否运转灵活；各滚柱载物面是否在同一平面；有驱动的滚柱其驱动连接是否可靠，传动链条或胶带有无磨损；驱动装置的电控装置各开关按钮和指示灯工作是否正常。

（2）使用中观察货物在滚柱上移动是否平稳，速度是否均匀；各货物分叉区域的滚柱运转是否平稳，分货和转移动作是否准确；货物放上滚柱时不应有冲击，以防损伤滚柱轴上的滚动轴承。

（3）使用后应定期对各滚柱轴承加油，对传动链加油。

任务实施

第一步骤：组队

1. 四人一组，成立一个团队。
2. 每组推选一名组长，由组长分配任务。

第二步骤：讨论完成任务

1．每组任选一种连续输送机，组员查找相关知识的资料。

2．组员讨论要向经理介绍的内容，记录人员记录好每位成员的发言。

3．归纳人员将本组同学的意见进行归纳整理。

第三步骤：展示

组长上台将小组讨论的成果向大家介绍本组展示的连续输送机械的内容。

第四步骤：评价

教师对学生的行为进行点评和对知识内容进行总结。

任务巩固

1．将常见的连续输送机械的相关知识填入表 8-3 中。

表 8-3　常见的连续输送机械汇总表

连续输送机械名称	主 要 特 点	分　类

2．参观一家快递公司的物流中心，了解该物流中心使用的连续输送机械的类型及其使用情况，并记录在表 8-4 中。

表 8-4　快递公司考察记录表

快递公司名称		
现用连续输送机械的类型		
使 用 情 况		
优　点	不 足 之 处	改 进 意 见

任务三　了解其他连续输送机械

任务描述

经过你的介绍，经理已经对常见连续输送机械有了大致的认识，也觉得你介绍得很详细、很专业。不过经理记得，他曾在参观一家生产企业的物流中心时，见到过一种连续输送机械，但又不同于前面介绍过的，是不是还有其他类型的连续输送机械？请你解答经理的疑惑。

知识准备

一、螺旋输送机

1．什么是螺旋输送机

螺旋输送机是利用带有螺旋叶片的螺旋轴的旋转，使物料产生沿螺旋面的相对运动，物料受到料槽或输送管臂的摩擦力作用与螺旋一起旋转，将物料轴向推进，从而实现物料输送的机械，其结构图见图 8-10。

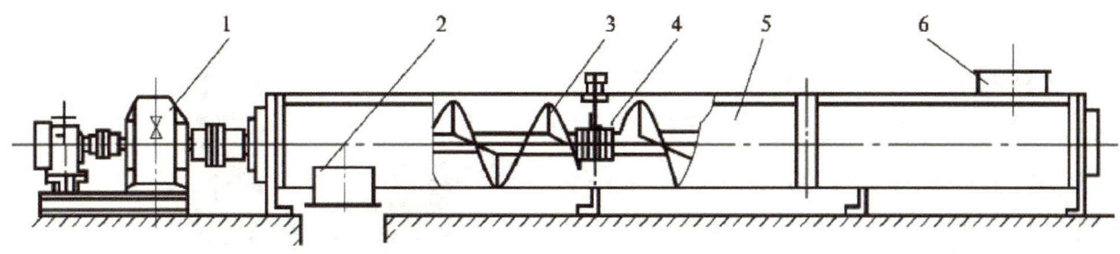

图 8-10　螺旋输送机

1—驱动装置　2—出料口　3—螺旋轴　4—中间吊挂轴承　5—壳体　6—进料口

2．螺旋输送机有哪些特点

螺旋输送机具有以下特点：

（1）结构比较简单，成本较低。

（2）工作可靠，维护管理方便。

（3）尺寸紧凑，占地面积小。

（4）能实现密封输送，有利于输送易飞扬、炽热及气味强烈的物料。

（5）装载卸载方便。

（6）单位能耗较大。

（7）物料在输送中容易磨损及研碎，螺旋叶片和料槽的磨损也较为严重。

3．螺旋输送机有哪些类型

螺旋输送机分慢速（转速不超过 200r/min）和快速（转速超过 200r/min）两种；按结构形式又分为固定式和移动式两种。固定式螺旋输送机（见图 8-11），一般属慢速输送机，它可以进行输送距离不太长的水平输送，或低倾角的输送，通常用于车间内、稳步作短距离的水平输送；移动式螺旋输送机，一般属快速输送机，它也可完成高倾角和垂直输送，通常用于物料出仓、装卸、灌包等作业。

图 8-11　固定式螺旋输送机

二、斗式提升机

1. 什么是斗式提升机

斗式提升机（见图 8-12）是利用均匀固接于无端牵引构件上的一系列料斗，竖向提升物料的连续输送机械。

2. 斗式提升机如何作业

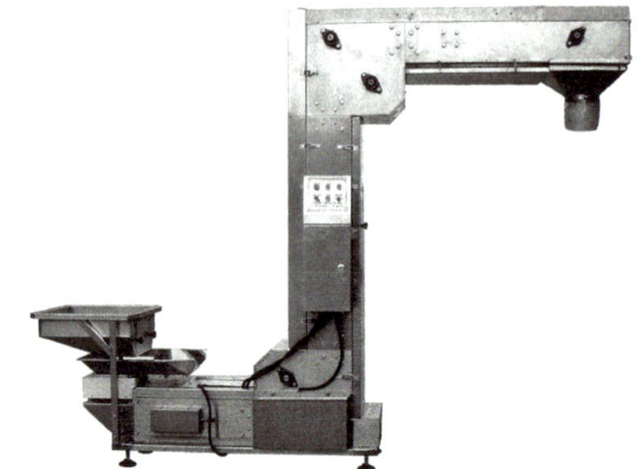

图 8-12　斗式提升机

斗式提升机的作业过程分为三个阶段：装料过程、提升过程和卸料过程。

（1）装料过程。装料方法有两种：挖取法和装入法。输送粉末状、小颗粒和磨磋性小的物料时（如煤粉、谷物、水泥等），由于挖掘阻力小可采用挖取法。输送较大和磨磋性大的物料（如矿石）时，采用装入法。

（2）提升过程。畚斗绕过底轮水平中心线始至头轮水平中心线止的过程，即物料随畚斗垂直上升的过程称作提升过程。此时应保证畚头带有足够的张力，实现平稳提升，防止撒料现象的发生。

（3）卸料过程。卸料方法有离心式、重力式和混合式三种。属于哪一种卸料方式，决定于驱动滚筒（链轮）的转速、半径和料斗的尺寸。

在运送成件物品时，将斗式提升机的料斗用托架或摇架代替，就成为托架提升机或摇架提升机，这两种提升机在现代物流系统中，能够发挥重要作用。

3. 如何使用与维护斗式提升机

使用斗式提升机时，应遵循“用前必检查，用中多观察，用后勤养护”的使用原则，具体注意事项如下：

（1）操作时必须遵守“无载起动，空载停车”的原则，即先开机，待运转正常后，再给料；停车前应将机内的物料排空。

（2）工作时，进料应均匀，出料管应通畅，以免引起堵塞。如发现堵塞，应立即停止进料并停机，拉开机座插板，排除堵塞物。注意此时不能直接用手伸进底座。

（3）正常工作时，畚斗带应在机筒中间位置，如发现有跑偏现象或畚斗带过松而引起畚斗与机筒碰撞摩擦时，应及时通过张紧装置进行调整。

（4）严防大块异物进入机座，以免打坏畚斗，影响斗提机正常工作。输送没有经初清理的物料时，进料口应加设铁栅网，防止稻草、麦秆、绳子等纤维性杂质进入机座引起缠绕堵塞。

（5）应定期检查提升机畚斗带的张紧程度，畚斗与畚斗带的连接是否牢固，如发现松动、脱落、畚斗歪斜和破损现象，应及时检修或更换，以免发生更严重的后果。

（6）如发生突然停机的情况，应先将机座内积存的物料排出后再开机。

任务实施

第一步骤：组队

1. 四人一组，成立一个团队。
2. 每组推选一名组长，由组长分配任务。

第二步骤：讨论完成任务

1. 每组任选一种连续输送机械，组员查找相关知识的资料。
2. 组员讨论要向经理介绍的内容，记录人员记录好每位成员的发言。
3. 归纳人员将本组同学的意见进行归纳整理。

第三步骤：展示

组长上台将小组讨论的成果向大家介绍本组所展示的连续输送机械的内容。

第四步骤：评价

教师对学生的行为进行点评和对知识内容进行总结。

任务巩固

参观物流公司或物流设备生产企业，了解其拥有的类型及结构特点，并记录在表 8-5 中。

表 8-5 其他连续输送机械记录表

公司名称	
其他连续输送机类型	
结构特点	

任务四 选择连续输送机械

任务描述

经过你对连续输送机械的一番介绍，经理已经对连续输送机械有了整体的认识。但又有问题摆在他面前，这么多种连续输送机械，每种看上去都挺好的，可又不知道是否适合公司的需要，你能帮他分析一下，选择哪种连续输送机比较好吗？

程远快递公司概况：公司成立于 2002 年，起初从事货物运输，2007 年转型进入快递业，主要为其所在城市客户提供快递服务。随着业务量的增加，公司才考虑增添物流设备，提高物流运作效率。公司现用于快递分拣的场地 220m^2，宽 11m，长 20m；目前公司主要业务范围集中在小件包裹的速递服务，但各包裹包装不一，大小不均，重量也不等，但由于多数是网购商品，所以包裹的外包装质量还是比较好的。

知识准备

选择连续输送机械需要从以下五个方面着手。

1. 根据被输送物料的性质选用

对于连续输送机械的选择，被输送物料的粒状大小、表面状态、容重、外摩擦系数、散落性、破碎性等特性是主要的影响因素。一般来讲，对于表面粗糙、坚硬的物料，在选择输送机的构件材料时，应选择耐磨的材料；对于容易破碎的物料，不宜选用破碎作用较大的输送机；对于输送散状物料，为提高输送量，防止输送中物料撒落，应选用深槽形带式输送机；对于包装物料的输送，一般选用带式输送机或辊子输送机。

2. 根据被输送物料的输送量大小进行选用

通常输送速度大则物料的输送量大。在选择速度时，应考虑输送稳定性、电耗增大比例、设备机械性能、物料特性等因素，选用合适速度的输送机械。

3. 根据物料的输送距离和方向进行选用

输送距离长的水平输送，一般选用带式输送机；对于垂直输送多采用斗式提升机；对于既要求水平输送又要求垂直输送的散装物料，一般可用斗式提升机或刮板输送机。

4. 根据物流在输送中工艺流程来选用

物料从何处接收、发放到什么设备上或场所，决定着选用不同的输送机械。此外，工艺流程不同，要求不同，也应该采用不同输送机械。例如，要求输送过程中搅拌，则可选用螺旋输送机等。

5. 根据安装场地进行选用

安装场地不同，要求选用不同的输送设备，因此应根据安装场地位置条件，选用相适宜的输送机械。

正确选用输送机械，须综合考虑各方面因素，权衡利益得失，进行综合分析比较，选择经济、合理的优质输送机械。

小贴士

输送机的历史

中国古代的高转筒车和提水的翻车，是现代斗式提升机和刮板输送机的雏形；17 世纪中叶，开始应用架空索道输送散状物料；19 世纪中叶，各种现代结构的输送机相继出现。

1868 年，在英国出现了带式输送机；1887 年，在美国出现了螺旋输送机；1905 年，在瑞士出现了钢带式输送机；1906 年，在英国和德国出现了惯性输送机。此后，输送机受到机械制造、电机、化工和冶金工业技术进步的影响，不断完善，逐步由完成车间内部的输送，发展到完成在企业内部、企业之间甚至城市之间的物料搬运，成为物料搬运系统机械化和自动化不可缺少的组成部分。

任务实施

第一步骤：组队

1. 四人一组，成立一个团队。

2．每组推选一名组长，由组长分配任务。

第二步骤：讨论完成任务

1．根据“知识准备”中提供的理论知识，结合该快递公司的具体情况展开讨论。

2．记录人员记录好每位成员的发言。

3．归纳人员将本组同学的意见进行归纳整理，得出选择结果。

第三步骤：展示

小组派代表上台展示结果，并对作出的结果进行分析。

第四步骤：评价

教师对学生的行为进行点评和对知识内容进行总结。

任务巩固

参观物流公司调查其拥有的连续输送机械的类型是否符合企业生产运作的需要，并记录在表 8-6 中。

表 8-6 连续输送机械使用情况调查表

物流公司名称			
连续输送机械名称			
使用情况			
符合企业生产运作的需要（ ）		不符合企业生产运作的需要（ ）	
对企业生产运作的作用		不足之处	
		改进之处	
		推荐类型	

考核与评价

项目实施评价表

考核项目	考核要求	配分	评分标准	得分		备注
				自评	师评	
类型识别	1．说出教师提供的某类连续输送机械图片中的设备的名称 2．至少指出该类连续输送机械的 2 个特点	30	1．不能说出某类连续输送机械的名称，扣 5 分 2．特点错、漏，每处扣 5 分			
案例闯关	1．根据给出的案例，概括案例企业的不足之处 2．选择合适的连续输送机械 3．说明使用该连续输送机械对企业的利弊	70	1．概括不够全面，扣 5 分 2．选择连续输送机械错误，扣 10 分 3．说明利弊不够充分，扣 5 分			三个案例
时间	40min		提前正确完成，每 5min 加 2 分 超过定额时间，每 5min 扣 2 分			
开始时间		结束时间		实际时间		

项目九　认识堆垛设备

学习目标

1. 认识常见的堆垛设备
2. 了解堆垛设备用途和特点
3. 学会区分堆垛起重机的类型
4. 学会选择堆垛设备

项目概述

堆垛起重机是随着立体仓库发展起来的专用起重机械设备，能根据预先设定好的运行规则，实现物件的出入库自动化，省时高效，是高水平物流模式的体现。本项目主要介绍常见的堆垛设备，并简要介绍堆垛起重机的应用及其选择。

任务一　认识堆垛起重机

任务描述

凯达集团是国内知名的物流设备生产企业，其业务范围主要是堆垛设备的生产与设计。该企业欲面向我校物流专业学生招聘产品营销员，以开拓公司的销路。不久凯达集团的人事主管将亲自来我校给学生现场面试，所以机会难得，现在请同学们准备一下如何应对面试？

作业一

小组讨论，头脑风暴，设想人事主管可能会问的面试题。

作业二

用作业一中设计的面试题，进行模拟面试，为正式面试做准备。

知识准备

一、什么是堆垛起重机

堆垛起重机（见图 9-1）是指采用货叉作为取物装置，在仓库或车间堆取成件物品的起重机，常简称堆垛起重机。堆垛起重机是立体仓库中主要的起重运输设备，是随立体仓库发展起来的专用起重设备。此类设备适用的仓库一般都比较高，最高可达 40m 以上，大多在 10 ～ 25m。堆垛起重机的主要用途是在立体仓库的巷道间反复穿梭运行，将位于巷道口的货物存入货格，或者将货格中的货物去除运送到巷道口。但这种设备只能在立体仓库内使用，而且必须配备其他设备搬运货物进出仓库。

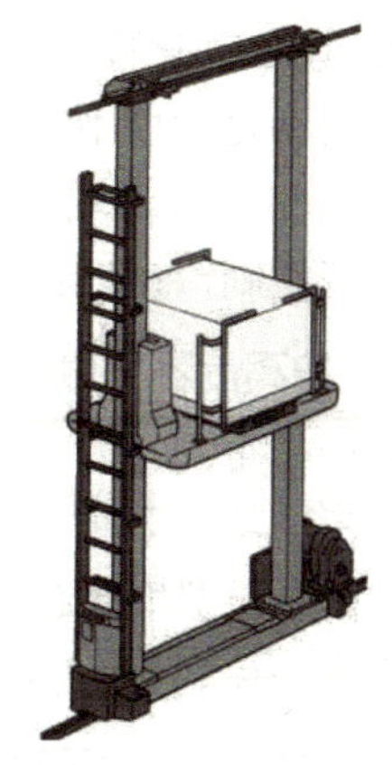

图 9-1 堆垛起重机

二、堆垛起重机有哪些特点

运用堆垛起重机可以减轻仓储人员的劳动强度，提高仓库的利用率和周转率，具体特点如下：

1．堆垛起重机的整机结构高而窄，适用于巷道内运行。

2．堆垛起重机安有特殊的取物装置，如货叉和机械手等。

3．堆垛起重机的电力控制系统具有平稳、快速和准确等特点，能保证货物快速、准确、安全地取出和存入。

4．堆垛起重机有一系列的连锁保护措施。由于工作场地窄小，稍不准确就可能导致重大安全事故，所以堆垛起重机上配有一系列机械和电气的保护措施。

三、堆垛起重机有哪些类型

堆垛起重机的分类方式很多，主要分类形式有以下几种：

1．按有无导轨划分

按有无导轨划分，堆垛起重机可分为有轨堆垛起重机（见图9-2）和无轨堆垛起重机（见图9-3）。

图 9-2 有轨堆垛起重机

图 9-3 无轨堆垛起重机

有轨堆垛起重机是指堆垛起重机沿着巷道内的轨道运行；无轨堆垛起重机又称为高架叉车。在立体仓库中运用的主要作业设备有有轨巷道堆垛起重机、无轨巷道堆垛起重机和普通叉车，三种设备的主要性能比较见表 9-1。

表 9-1 普通叉车、无轨巷道堆垛起重机和有轨巷道堆垛起重机的性能比较

设备名称	巷道宽度	作业高度	作业灵活性	自动化程度
普通叉车	最大	<5m	任意移动，非常灵活	一般为手动，自动化程度低
无轨巷道堆垛起重机	中	5 ～ 12m	可服务于两个以上的巷道，并完成高架区外的作业	可以进行手动、半自动、自动及远距离集中控制
有轨巷道堆垛起重机	最小	>12m	只能高层货架巷道内作业，必须配备出、入库设备	可以进行手动、半自动、自动及远距离集中控制

2. 按自动化程度不同划分

按自动化程度不同划分，堆垛起重机可分为手动、半自动和自动堆垛起重机。

手动和半自动堆垛起重机上带有驾驶室；自动堆垛起重机不带驾驶室，采用自动控制装置进行控制，可以进行自动寻址、自动装卸货物。

3. 按高度不同划分

按高度不同划分，堆垛起重机可分为低层型、中层型和高层型堆垛起重机。

低层型堆垛起重机一般起升高度在 5m 以下，主要用于分体式高层货架仓库及简易立体仓库中；中层型堆垛起重机起升高度在 5 ～ 15m；高层型堆垛起重机起升高度在 15m 以上，主要用于一体式的高层货架仓库中。

4. 按驱动方式不同划分

按驱动方式不同划分，堆垛起重机可分为上部驱动式、下部驱动式和上下部相结合的驱动方式。

5. 按用途不同划分

按用途不同划分，堆垛起重机还可分为桥式堆垛起重机和巷道堆垛起重机。

任务实施

第一步骤：组队

1. 四人一组，成立一个团队。
2. 每组推选一名组长，由组长分配任务。

第二步骤：讨论完成作业一

1. 小组在组长的组织下，展开头脑风暴，设计合适的面试题。
2. 记录人员记录好每位成员的发言。
3. 归纳人员将本组同学的想法进行归纳整理，形成面试题及参考答案。

第三步骤：小组竞争完成作业二

每个小组用自己想出的面试题，给其他组成员回答，通过共同分析，提高提问的质量，精炼回答的语言。

第四步骤：评价

教师对学生的行为进行点评和对知识内容进行总结。

任务巩固

将你觉得最有可能问到的面试题记录在表 9-2 中，并加以完善。

表 9-2　面试题记录表

面试题 1	
合适的回答	

（续）

面试题 2	
合适的回答	
面试题 3	
合适的回答	

任务二 熟识常见的堆垛设备

任务描述

早上上课时间，老师透露了一个消息：凯达集团的人事主管比较看重学生对专业知识的掌握，希望学生对堆垛设备有一定的认知，因此在面试题中很可能会涉及常见堆垛设备的问题。为了更好地准备这次面试，有必要对常见的堆垛设备知识进行准备。

作业一

针对常见的堆垛设备类型，通过小组讨论，设计合理的面试题。

作业二

利用设计的面试题，进行模拟面试，强化对知识点的掌握，培养学生的应聘能力。

知识准备

一、什么是桥式堆垛起重机

1. 桥式堆垛起重机的概念

桥式堆垛起重机具有起重机和叉车的双重结构特点，像起重机一样，具有桥架和回转小车。桥架在仓库上方运行，回转小车在桥架上运行。同时，桥式堆垛起重机具有叉车的结构特点，即具有固定式或可伸缩式的立柱，立柱上装有货叉或者其他取物装置。

货架和仓库顶棚之间需要有一定的空间，保障桥架的正常运行。立柱可以回转，以保证工作的灵活性。回转小车根据需要可以来回运行，因此桥式堆垛起重机可以服务于多条巷道。

桥式堆垛起重机的堆垛和取货是通过取物装置在立柱上运行实现的。因为立柱高度的限制，桥式堆垛起重机的作业高度不能太高。

桥式堆垛起重机主要适用于12m以下中等跨度的仓库，巷道的宽度较大，适于笨重和长大件物料的搬运和堆垛。

2. 桥式堆垛起重机的分类

（1）按回转小车的安装方式分类。桥式堆垛起重机根据回转小车的安装方式不同，可分为支撑桥式堆垛起重机和悬挂桥式堆垛起重机，支撑桥式堆垛起重机是指回转小车在桥架之上，而悬挂桥式堆垛起重机是指回转小车在桥架之下。

（2）按立柱的结构分类。根据立柱的结构不同，桥式堆垛起重机可分为固定立柱的桥式堆垛起重机和可伸缩立柱的桥式堆垛起重机。固定立柱是指立柱长短不变，取物装置在立柱上滑行垂直运动；可伸缩立柱是利用立柱的长短变化带动取物装置垂直运动。通过桥式堆垛起重机的桥架纵向运行和回转小车的横向运行，桥式堆垛起重机可在多条巷道内来回运动，一座仓库可只安装一台桥式堆垛起重机。

二、什么是巷道堆垛起重机

1．巷道堆垛起重机的概念及主要用途

巷道堆垛起重机是指金属结构由上、下支承支持，沿着仓库巷道运行，装取成件物品的堆垛起重机，是由叉车、桥式堆垛起重机演变而来的。桥式堆垛起重机由于桥架笨重，因而运行速度受到很大的限制，它仅适用于出入库频率不高或存放长形原材料和笨重货物的仓库。

巷道堆垛起重机的主要用途是在高层货架的巷道内来回穿梭运行，将位于巷道口的货物存入货格，或者取出货格内的货物运送到巷道口，从而实现所存取货物的空间各方向移动，且操作简便。

2．巷道堆垛起重机的分类

（1）按结构分类。按结构分类，巷道式堆垛起重机分成单立柱巷道堆垛起重机和双立柱巷道堆垛起重机。

单立柱巷道堆垛起重机的机架结构由一根立柱、上横梁和下横梁组成一个矩形框架，结构刚度比双立柱差，适用于起重量在 2t 以下，起升高度在 16m 以下的仓库。

双立柱巷道堆垛起重机的机架结构也由两根立柱、上横梁和下横梁组成一个矩形框架，结构刚度比较好，质量比单立柱好，适用于各种起升高度的仓库，一般起重量可达 5t，必要时可以再大，可用于高速运行。

（2）按支承方式分类。按支承方式分类，巷道堆垛起重机分成地面支承、悬挂和货架支承几种类型。

地面支承巷道堆垛起重机支承在地面铺设的轨道上，用下部的车轮支承和驱动，上部导轮用来防止堆垛起重机倾倒，机械装置在下横梁，易保养、维修，适用于各种高度及起重量较大的仓库。

悬挂巷道堆垛起重机在悬挂于仓库屋架下弦装设的轨道下翼沿上运行，在货架下部两侧铺设下部导轨，防止堆垛起重机摆动，货架应具有较大的强度和刚度。

货架支承巷道堆垛起重机支承在货架顶部铺设的轨道上，同样在货架下部两侧铺设下部导轨，防止堆垛起重机摆动，适用于起重量和起升高度较小的小型立体仓库。

（3）按用途分类。按用途分类，巷道堆垛起重机分成单元型和拣选型。

单元型巷道堆垛起重机是以托盘单元或货箱单元进行出入库作业，自动控制时，堆垛起重机上可无驾驶员，适用于各种控制方式。

拣选型巷道堆垛起重机是在堆垛起重机上的操作人员从货架内的托盘单元或货物单元中取少量货物，进行出库作业，堆垛起重机上设有驾驶室，一般为手动或半自动控制，用于“人到货”式拣选作业。

三、如何选择堆垛起重机

选择合适的结构形式，可使堆垛起重机在各种特定安装尺寸和作业方式下更好地满足使

用要求，在选择时首先考虑堆垛起重机的主体结构。主体结构的选择要坚持两个原则：①经济性原则；②性能和标准化原则。性能方面如要求有合适的工作速度和工作平稳性，标准化方面如部件通用化、标准化程度等。

在具体选择时：如仓库规模比较大，起重量在5t左右，起升高度较高，运行速度较快的，就需选用双立柱地面支承巷道堆垛起重机；起重量在2t以下，起升高度在16m以下的仓库就选用单立柱巷道堆垛起重机；起重量和起升高度较小的立体仓库就选用悬挂或货架支承巷道堆垛起重机；无人化自动立体仓库必须选用单元型巷道堆垛起重机，一般的小型仓库可选用拣选型巷道堆垛起重机；中等跨度（12m以下）的仓库，存放笨重和长大件物料的仓库，则可选用桥式堆垛起重机。

小贴士

巷道堆垛起重机使用的注意事项

（1）在巷道堆垛起重机前，请检查巷道内是否有异物，以防止损坏堆垛起重机。

（2）在使用巷道堆垛起重机的整个过程中，巷道内不可站人，以免造成伤害。

（3）使用时请不要打开堆垛起重机控制柜的柜门，以免触电。

（4）当堆垛起重机载货台升起时，人不要站在下面观望，以免造成伤害。

（5）不要随意变更传感器和行程开关的位置，以防意外。

（6）不要随意变更货位上托盘和货物的位置，以防意外。

（7）选择应急工作方式时一定要格外谨慎，注意观察，因为此时所有保护开关已不起作用。

（8）当工作结束后，一定要先将堆垛起重机开回原点，关掉总电源，以防意外。

任务实施

第一步骤：组队

1. 四人一组，成立一个团队。
2. 每组推选一名组长，由组长分配任务。

第二步骤：讨论完成作业一

1. 小组在组长的组织下，展开头脑风暴，设计合适的面试题。
2. 记录人员记录好每位成员的发言。
3. 归纳人员将本组同学的想法进行归纳整理，形成面试题及参考答案。

第三步骤：小组竞争完成作业二

每个小组用自己想出的面试题，给其他组成员回答，通过共同分析，提高提问的质量，精炼回答的语言。

第四步骤：评价

教师对学生的行为进行点评和对知识内容进行总结。

任务巩固

1．根据桥式堆垛起重机的分类和特点完成表 9-3。

表 9-3　桥式堆垛起重机的分类和特点

分　类	名　称	特　点

2．根据巷道堆垛起重机的分类和特点完成表 9-4。

表 9-4　巷道堆垛起重机的分类和特点

分　类	名　称	特　点

任务三　认识堆垛机器人

任务描述

凯达集团的人事主管如期而至，下面他将对你进行面试。他们公司开发了一款新型堆垛机器人，这次招聘新业务员也是为了推广该产品，他的面试题是：谈谈你对堆垛机器人的认识。

知识准备

一、什么是堆垛机器人

堆垛机器人（见图 9-4）也称堆垛机械手，是典型的机电一体化产品。目前广泛应用于生产的诸多领域，极大地提高了生产效率，降低了劳动强度。堆垛机器人可以将不同外形尺寸的包装货物，整齐、自动地码（或拆）在托盘上，可以充分利用托盘的面积和堆码物料的稳定性；堆垛机器人还配有堆码顺序、排序设定器，功能全面，在提高工作效率方面，有显著的效果。

图 9-4 堆垛机器人

二、堆垛机器人有哪些作业特点

堆垛机器人的作业特点包括以下几点：

1. 通用性强

堆垛机器人用途非常广泛，它可以完成搬运、装卸等多项作业活动。

2. 柔性好

堆垛机器人的操作对象并没有严格的限定，当产品的品种和规格发生变化时，只需要重新编制控制程序，就可以适应新的使用要求，而无需对其他方面进行修改，具有良好的适应性。

3. 自动化程度高

堆垛机器人的操作无需人工参与，节省了大量的劳动力。

4. 准确性好

堆垛机器人的操作控制精确，其位置误差基本处于毫米级以下，准确性非常高。

5. 效率性高

堆垛机器人的工作速度比较快，而且没有时间间断，因此其工作效率比较高。

6. 可靠性高

堆垛机器人重复操作能够始终维持同一状态，不会出现类似人的主观性干扰，因此其操作的可靠性比较高。

三、堆垛机器人有哪些类型

1. 按运动形式进行分类

堆垛机器人按照运动形式进行分类可分为以下几大类：直角坐标型堆垛机器人、圆柱坐标型堆垛机器人、球坐标型堆垛机器人、垂直多关节型堆垛机器人等。

（1）直角坐标型堆垛机器人。直角坐标型堆垛机器人具有三个互相垂直的移动轴线，其工作空间为一个长方体。这种堆垛机器人结构简单，控制容易，定位精度高，但是占地面积大，工作范围小，灵活性差，不易实现高速运行。

（2）圆柱坐标型堆垛机器人。圆柱坐标型堆垛机器人的水平臂能实现沿立柱的上下移动和绕立柱的水平转动，并能够收缩，作业空间为圆柱形。它具有结构简单，占地面积小，操作范围大的特点，但定位精度不高。

（3）球坐标型堆垛机器人。球坐标型堆垛机器人的手臂能上下俯仰、前后伸缩，绕立柱回转，其作业空间为一个球体。这种堆垛机器人作业灵活，作业范围大，结构复杂，但定位精度不高。

（4）垂直多关节型堆垛机器人。垂直多关节型堆垛机器人由立柱、大小手臂和手抓组成。立柱与大臂间形式似肩关节，大臂与小臂之间形成肘关节，小臂与手爪之间形成腕关节。这种堆垛机器人动作灵活，速度快，结构复杂，定位精度高，但控制比较复杂。不同的堆垛机器人运行方式适合不同的作业场合。

2．按抓取重量和动作范围分类

堆垛机器人按抓取重量和动作范围分类，可分为大型、中型和小型。

（1）大型堆垛机器人。大型堆垛机器人的抓取重量范围为 100 ～ 1 000kg，动作范围为 1 ～ $10m^3$，主要用于生产制造企业的大型零部件的搬运和装配。

（2）中型堆垛机器人。中型堆垛机器人抓取重量范围为 10 ～ 100kg，动作范围为 1 ～ $10m^3$，主要用于仓库内部搬运。

（3）小型堆垛机器人。小型堆垛机器人抓取重量范围为 1 ～ 10kg，动作范围为 0.1 ～ $1m^3$，主要用于仓库的拣选操作。

3．按驱动方式分类

堆垛机器人按驱动方式分类，可分为液压式、气动式和电动式。

（1）液压式驱动堆垛机器人。这种堆垛机器人动力大，结构简单，刚性好，运行速度调节方便，动作响应快，易于实现过载保护，但油液容易泄露，控制精度容易受到工作温度的影响，成本高。

（2）气动式驱动堆垛机器人。这种堆垛机器人作业速度快，结构简单，维修方便，易于保养，价格低，不会造成空气污染，适用于中小负荷，但定位精度低，容易产生噪声。

（3）电动式驱动堆垛机器人。这种堆垛机器人作业灵活，使用方便，噪声低，定位精度高，是目前应用最广泛的一种。

任务实施

第一步骤：组队

1．五人一组，成立一个团队。

2．每组推选一名组长，由组长分配任务。

第二步骤：讨论完成任务

1．小组在组长的组织下，展开头脑风暴，思考如何回答该面试题。

2．记录人员记录好每位成员的发言。

3．归纳人员将本组同学的想法进行归纳整理，形成恰当的答案。

第三步骤：展示

每个小组将自己的答案展示给其他组成员看，通过共同分析，提高回答的质量，精炼语言。

第四步骤：评价

教师对学生的行为进行点评和对知识内容进行总结。

任务巩固

参观拥有堆垛机器人的物流企业，调查堆垛机器人在该企业的使用情况，记录在表 9-5 中。

表 9-5　堆垛机器人使用情况记录表

物流企业名称			
地址			
堆垛机器人信息			
名称			
规格			
在企业中的主要功能			
使用情况			
符合企业生产运作的需要（　）		不符合企业生产运作的需要（　）	
对企业生产运作的作用		不足之处	
		改进意见	

考核与评价

项目实施评价表

考核项目	考核要求	配分	评分标准	得分		备注
				自评	师评	
类型识别	1．说出教师提供的某类堆垛设备图片中设备的名称 2．至少指出该类起重机械的 2 个特点	30	1．不能说出某类堆垛设备的名称，扣 5 分 2．特点错、漏，每处扣 5 分			
面试过关	1．学生小组自想 5 个面试题（外加 3 个教师设置的面试题） 2．灵活、口齿清晰回答面试题 3．不出现过度紧张状态	70	1．学生小组自想的 5 个面试题，每少一个，小组扣 10 分 2．面试学生回答不灵活，视情况扣 5～10 分 3．面试过程中出现过度紧张情绪，视情况扣 5～10 分			
时间	40min		1．提前正确完成，每 5min 加 2 分 2．超过定额时间，每 5min 扣 2 分			
开始时间		结束时间		实际时间		

模块四

叉车

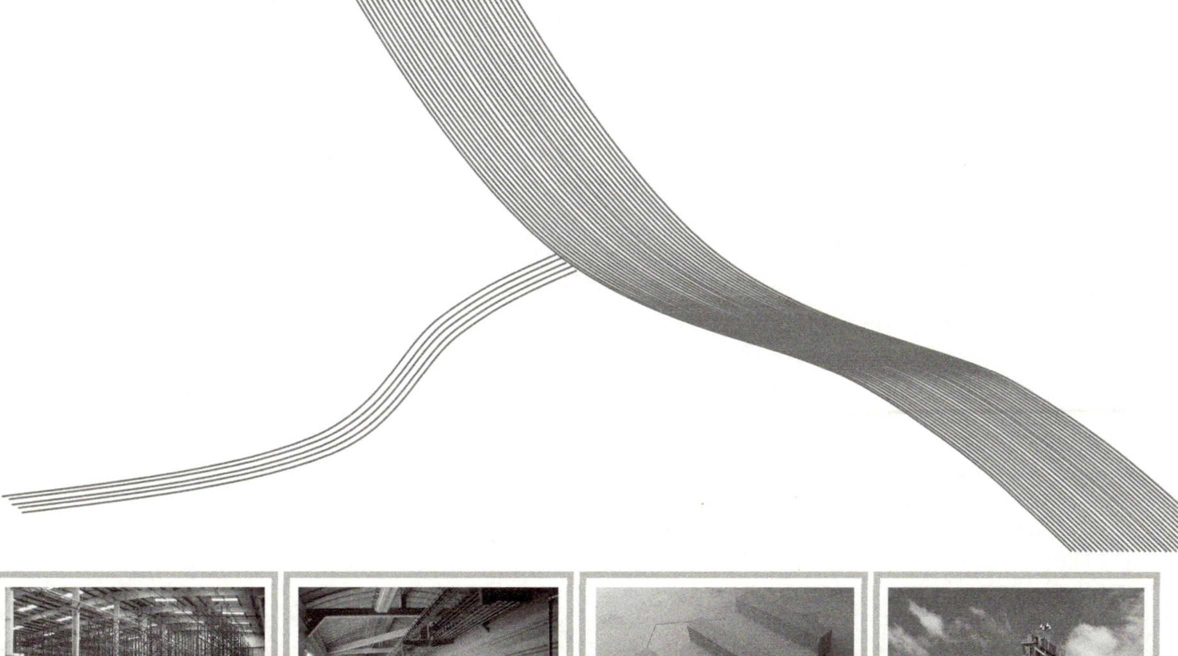

叉车是指具有各种叉具，能够对物品进行升降、移动及装卸作业的搬运车辆，属于装卸搬运设备，广泛应用于车站、港口、机场、工厂、仓库等场地，是机械化装卸、堆垛和短距离运输的高效设备。自行式叉车出现于1917年。第二次世界大战期间，叉车得到大力发展。我国从20世纪50年代初开始制造叉车。

目前最常用的叉车，按动力形式一般可以分为三大类：内燃叉车、电动叉车和液压托盘搬运车；按结构形式可分为：平衡重式叉车、前移式叉车、插腿式叉车、托盘堆垛车、平台堆垛车、操作台可起升的叉车、侧面式叉车、越野叉车、侧面堆垛式叉车、三向堆垛式叉车、跨车等。

项目十　操作内燃叉车

学习目标

1. 认识内燃叉车
2. 了解内燃叉车的主要参数与性能指标
3. 掌握内燃叉车的简单维护和保养
4. 学会选择内燃叉车
5. 正确驾驶内燃叉车

项目概述

内燃叉车机动性能好，功率大，是目前物流业内应用最为广泛的叉车类型。本项目带大家解读内燃叉车，通过完成四个任务来学习内燃叉车的类型、技术参数、选择原则，并掌握内燃叉车的正确驾驶与简单维护。

任务一　接触内燃叉车

任务描述

某职业学校准备购买美科斯M系列叉车，供平时实训用。表10-1为M系列1.0～3.5t内燃平衡重式叉车规格、性能、参数表。

表10-1　M系列1.0～3.5t内燃平衡重式叉车规格、性能、参数表

	型　号		单　位	FD10T-MGI3 （FD10-MGI1）	FD15T-MGI3 （FD15-MGI1）	FD18T-MGI3 （FD18-MGI1）
概要	额定起重量		kg	1 000	1 500	1 800
	载荷中心距		mm	500	500	500
特性及尺寸	最大起升高度		mm	3 000	3 000	3 000
	自由起升高度		mm	155	155	155
	货叉规格	$L×W×T$	mm	920×100×35	920×100×35	920×100×38
	门架倾角	前 / 后	（°）	6/12	6/12	6/12
	最小离地间隙（门架处）		mm	110	110	110

（续）

概要	型　　号		单　　位	FD10T-MGI3	FD15T-MGI3	FD18T-MGI3
特性及尺寸	外形尺寸	长度（不带货叉）	mm	2 250	2 280	2 310
		宽度	mm	1 080	1 080	1 080
		门架不起升高度	mm	1 995	1 995	1 995
		门架起升高度（带挡货架）	mm	3 960	3 960	3 960
		护顶架高度	mm	2 060	2 060	2 060
	最小转弯半径		mm	1 995	2 040	2 075
	直角通道的最小理论宽度		mm	1 800	1 825	1 857
性能	速度	运行（空载）	km/h	14.5	14.5	14.5
		起升（满载）	mm/s	560	560	560
		下降（满载）	mm/s	450	450	450
	最大爬坡度（满载）		%	20	20	20
	轮距	前	mm	890	890	890
		后	mm	920	920	920
	轴距		mm	1 400	1 400	1 400
重量	自重		kg	2 340	2 590	2 800
	燃油箱容积		L	50	50	50

假如你是该校的实训处负责人，你会如何选择？并说明理由。

作业二

图 10-1 为某内燃平衡重式叉车的标志牌，通过该标志牌，描述该叉车的技术参数与性能指标。

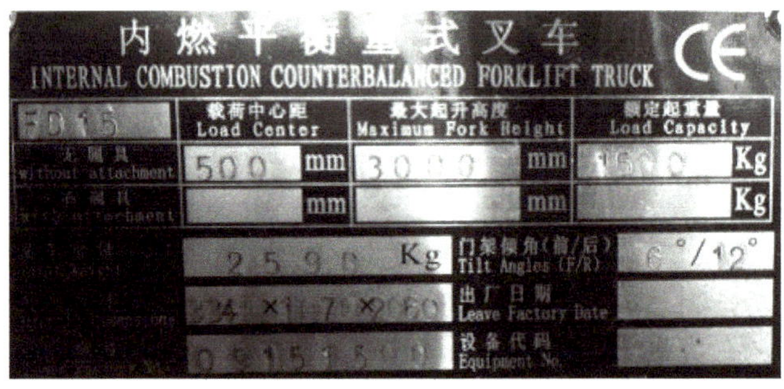

图 10-1　内燃平衡重式叉车标志牌

知识准备

一、什么是内燃叉车

内燃叉车是指以柴油、汽油或者液化石油气为燃料，由发动机提供动力的叉车。载重量为 0.5 ~ 45t。它是目前物流业内应用时间最为久远的叉车类型，机动性能好，功率大，用途较广泛，常用于室外作业。

二、内燃叉车有哪些类型

1. 按动力形式分类

根据动力不同，内燃叉车可以分为柴油叉车、汽油叉车和液化石油气叉车。

（1）柴油叉车。柴油叉车体积比较大，但稳定性特别好，宜于重载，使用时间无限制，一般在室外使用。与汽油发动机相比，柴油发动机动力稳定性较好（低速不易熄火、过载能力、长时间作业能力强），燃油费用低；但振动、噪声、排气量较大，价格高，荷重量可由 0.5 ～ 45t。

（2）汽油叉车。汽油叉车与柴油叉车相似，体积比较小，但其稳定性好，宜于重载，使用时间无限制，一般在室外使用。但汽油发动机外形小，自重轻，输出功率大，工作噪声及振动小且价格低。但汽油叉车过载能力、长时间作业能力较差，燃油费用相对较高。荷重量可由 0.5 ～ 45t。

（3）液化石油气叉车。液化石油气叉车就是平衡重式汽油叉车上加装液化石油气转换装置，通过转换开关能进行使用汽油和液化气的切换。该类叉车最大的优点是尾气排放好，一氧化碳（CO）排放明显少于汽油叉车，燃油费用低（15kg 的液化气相当于 20L 汽油），适用于对环境要求较高的室内作业。

2. 按结构形式分类

根据结构形式不同，内燃叉车可分为内燃平衡重式叉车、集装箱叉车、内燃侧面式叉车。

（1）内燃平衡重式叉车。内燃平衡重式叉车（见图 10-2）是指具有承载货物（有托盘或无托盘）的货叉（亦可用其他装置替换），载荷相对于前轮呈悬臂状态，并且依靠车辆的质量来进行平衡的堆垛用起升车辆。内燃平衡重式叉车是应用最广泛的叉车，大约占叉车总数的 80%。其车身较重，依靠自身重量与货叉上的货物重量相平衡，防止叉车装货后向前倾翻。为了保持叉车的纵向平稳，在车体尾部配有平衡重。这种叉车操作简单、机动性能好、效率高。内燃平衡重式叉车一般采用柴油、汽油、液化石油气为燃料，载荷能力 0.5 ～ 45t，且 10t 以上多为柴油叉车。

图 10-2　内燃平衡重式叉车

（2）集装箱叉车（正面吊）。集装箱叉车（见图 10-3）是集装箱码头和堆场上常用的一种集装箱专用装卸机械，主要用作堆垛集装箱等辅助性作业，也可在集装箱吞吐量不大（年吞吐量低于 3 万标准箱）的综合性码头和堆场进行装卸与短距离搬运，多采用柴油机作为动力装置，承载能力为 8 ～ 45t。

图 10-3　集装箱叉车

（3）内燃侧面式叉车。内燃侧面式叉车（见图 10-4）指门架或货叉架位于两车轴之间，垂直于车辆的运行方向横向伸缩，在车辆的一侧进行堆垛或拆垛作业的起升车辆。此类叉车主要用于搬运长条形货物，如木条、钢筋等。叉货时，先将千斤顶着地，门架向外推出，叉取货物后，货叉起升，门架退后，然后下降货叉，货物即自动放置在叉车一侧的前后车台上，将千斤顶收起后，叉车即可行驶。内燃侧面式叉车多以柴油机作为驱动力，承载能力为 2.5 ～ 4.5t。

图 10-4　内燃侧面式叉车

三、内燃叉车有哪些技术参数

内燃叉车的技术参数是用来说明和反映叉车的结构特性和工作性能的，包括性能参数、尺寸参数及质量参数，见表 10-2。

表 10-2 内燃叉车的主要技术参数表

常用技术参数	类　别	含　义	以诺克 NKFB30 为例
性能参数	最大起升高度	叉车在平坦坚实的地面上，满载、轮胎气压正常，门架处于垂直位置，货叉满载起升至最大位置，从叉面至地面的垂直距离	3 000mm
	自由起升高度	在无载状态、门架垂直、门架高度不变条件下起升，货叉上平面至地面最大的垂直距离	135mm
	载荷中心距	设计规定的额定起重量的标准货物重心到货叉垂直段前臂的水平距离	500mm
	门架倾角	无载叉车在平坦、坚实的地面上，门架自垂直位置向前或向后倾斜的最大角度	6° /12° （前 / 后）
	最大起升速度	叉车在坚实的地面上满载时，门架处于垂直位置，货叉上升的平均速度。货物下降速度一般都大于起升速度	460mm/s（满载）
	最大运行速度	叉车满载时，在干燥、平坦、坚实的地面上行驶的最大速度	21km/h/18km/h（前进 / 后退）
	牵引力	分为驱动轮轮周上产生的轮周牵引力和叉车尾部的挂钩上剩余的挂钩牵引力两种	—
	最大爬坡度	叉车在正常路面情况下，以低速挡匀速行驶时所能爬坡的最大坡度	20°
	最小转弯半径	在无载状态下，叉车转向轮处于最大转角时，车体外缘到转弯中心的最大距离	2 390mm
	直角堆垛通道的最小理论宽度	调节货叉间距最大，车辆在直线通道上作直角转弯堆垛作业时，通道所需的最小理论宽度	3 950mm
	直角通道的最小理论宽度	调节货叉间距最大，车辆能作直角转弯时，通道所需的最小理论宽度	3 750mm
尺寸参数	最小离地间隙	除车轮以外，车体上固定的最低点至车轮接地面的距离	135mm
	轴距	叉车前后桥中心线间的水平距离	1 650mm
	轮距	同一桥左右车轮与地面接触面中心的距离。多个车轮的轮距按中心点处测定	1 000mm/980mm（前 / 后）
	外廓尺寸	叉车长度、宽度、高度方向最大尺寸的统称	—
质量参数	额定起重量	门架处于垂直位置，货物重心位于载荷中心距范围以内时，允许叉车举起的最大货物	3 000kg
	整备质量载负荷	叉车按出厂技术条件装备完整，各种油、水添满后的重量	4 350kg

任务实施

第一步骤：组队

1. 四人一组，成立一个团队。

2. 每组推选一名组长，由组长分配任务。

第二步骤：讨论

1. 组员们归纳任务中的信息，填表 10-3。

表 10-3 内燃平衡重式叉车参数表

	最大起升高度	自由起升高度	载荷中心距	门架倾角	最大起升速度	最大运行速度	最大爬坡度	最小转弯半径	最小离地间隙	轴距	轮距	外廓尺寸	额定起重量
FD10T-MGI3													
FD15T-MGI3													
FD18T-MGI3													

2. 组员逐一讨论“如何选择实训用叉车”，记录人员记录好每位成员的发言。

第三步骤：展示

各小组派代表发言，指出本组成员选择的叉车型号，并充分说明理由。

第四步骤：评价

教师对学生的表现进行点评并对知识内容进行总结。

任务巩固

1. 根据图 10-1 内燃平衡重式叉车标志牌上的信息，描述该叉车的主要技术参数与性能指标。

2. 书面作业：通过社会调查或网上查找相关资料，选择你所在县市某一家叉车经营公司，介绍它所经营的内燃叉车。

任务二　选择内燃叉车

任务描述

某物流公司专业从事国内各地货物物流服务，有着严谨的运输组织，完善的经营管理，是一家供应链一体化专业型物流公司，业务范围涵盖了化工、日用品、机械、电力设备、家具、家电、建材、食品、搬家等众多行业。

由于业务量的不断增加，公司增加了一处仓库，其他设施都已经准备妥当，紧缺一批叉车。仓库其他设备的规格情况是这样的：

托盘：1 200mm×1 000mm×150mm，川字形塑料托盘，1 000mm 方向开口；1 100mm×1 100mm×150mm，川字形木托盘。

货架：2480mm（长）×800mm（宽）×4 200mm（高），4 层 3 横梁，每层载重 2t，横梁式，层与层间距可调。

货架与墙的间距：2m 仓库库房共一层，立柱式四向开口，门净高度 5m，地面平整。

库房外场地：25m（长）×10m（宽），假如你是这家运输公司的采购部经理，你会如何选择叉车，选择哪种叉车？

知识准备

选择叉车时应考虑下列因素：

1. 托盘

大部分叉车都是以托盘为作业单位的，所以托盘的规格往往影响叉车的选择。操作不同深度与宽度的托盘，所需的巷道空间不同。更重要的是，如果托盘及装载货物的重心超过了叉车的设计载荷中心，载重能力将下降。所以通常都建议采用标准规格的托盘形式。目前亚洲联运托盘标准 1 200mm×1 000mm（优先标准）或 1 100mm×1 100mm 的四向进叉式托盘，可适用于各种车型。

2. 地坪

地坪的光滑度及平整度等状况极大地影响叉车的使用。假设叉车的提升高度为 10m，如果在叉车的左右轮之间有 10mm 的高低差，就会产生近 80mm 的倾斜，从而造成货架使用的危险。最好的地坪是平整光滑的，通常是经过表面处理的混凝土地坪。

3. 电梯、集装箱的入口高度

如果叉车需要进出电梯，或者要在集装箱内部作业，则还要考虑电梯、集装箱的入口高度。

4. 日作业量

仓库的进出货频繁度和叉车每天的作业量关系到叉车规格与数量的选择，以保证日常作业正常进行。

5. 作业环境

在室外作业，特别是在场地道路不是很平坦的情况下，选用内燃叉车较好。北方用户考虑到冬天温度低、发动机不易起动等特点，为便于发动机起动而选择汽油叉车。另外，随着国家对空气污染的限制，环保要求越来越高，选用液化石油气叉车作为室外作业的用户也日渐增多，并将成为一种发展趋势。

6. 叉车的主要技术参数

（1）额定载重量。企业根据日常作业的货物重量选择合适的叉车，若额定载重量为 2t 就能满足日常作业需求，那么选购额定载重量为 3t 的叉车就是一种资源的浪费。

（2）最大起升高度。它取决于货架高度或者运输工具的高度。企业应根据实际的需求选择合适的起升高度。

（3）满载最大爬坡度。企业需要依据作业区域的坡度来选择叉车满载时需要的爬坡能力。

任务实施

第一步骤：确认任务书

1. 全班分为四组，选出组长。

2. 组长组织组员采用头脑风暴法完成“本组会如何选择叉车，购买哪种叉车？”讨论，将各组员的发言记录在表 10-4 内。

3. 组长或某一组员将本组同学的发言归纳整理。

4. 组长对组员表现给予简要评价。
5. 各组交叉评价，选出优胜组。

第二步骤：小组讨论和完成“组员发言”、“论题小结”任务

第三步骤：小组成果展示，每一小组派代表发言

第四步骤：组与组之间相互评价

第五步骤：教师对学生的表现进行点评，并对知识内容进行总结

第六步骤：各组员通过查找网络，为该物流公司找到一款合适的叉车

表 10-4 内燃叉车选择情况记录表

班级		小组名称		组长	
小组成员	姓名			学号	
活动主题	本组会如何选择叉车，购买哪种叉车？				
组员发言					
论题小结					
组长对组员表现的总结					
教师点评					

任务巩固

书面作业：通过社会调查或网上查找相关资料，列举你所熟悉的一家仓储物流公司，介绍其所拥有的叉车，以及选用该类叉车的原因。

任务三 正确驾驶内燃叉车

任务描述

在上一个任务中，我们认识了内燃叉车的特点。在这个任务中，我们将对内燃叉车进行正确的操作。

作业一

通过观察内燃叉车，识别内燃叉车的主要结构，填写内燃叉车结构工作单（见表 10-5）。

作业二

掌握正确的内燃叉车驾驶技术，填写内燃叉车操作作业单（见表 10-6）。

要求与注意点如下：

1. 只允许挂一挡，以免操作不熟练出现危险。
2. 内燃叉车起步时，货叉抬升 20 ～ 30cm，门架后倾 15°。
3. 直行路线和绕“8”字路线（见图 10-5）相结合，操作内燃叉车。
4. 注意内燃叉车起步操作方法、挂挡操作方法、叉车前进及倒车操作方法、叉车转向操作方法、叉车制动与定点停车的操作方法。

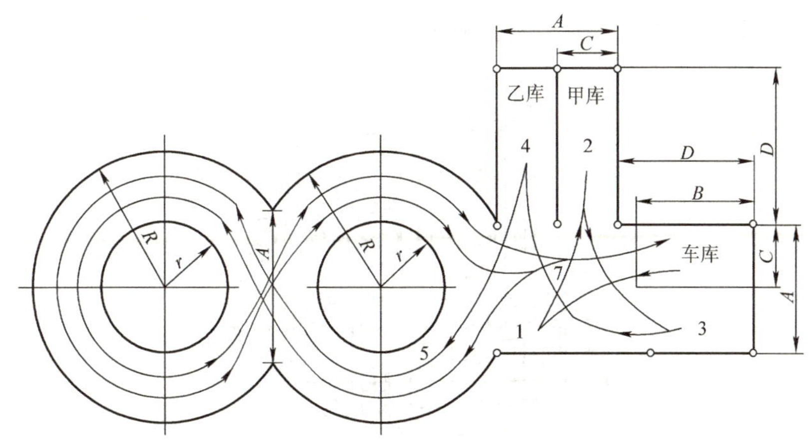

图 10-5 “8”字路线示意图

注：1. 场地尺寸：A=2 倍车宽 +1 200mm；B= 车长 +500mm；C= 车宽 +600mm；D= 车长 +1 000mm；R=2 倍轴距的长度 +600mm；r= 轴距的长度 +200mm。

2. 行驶路线：叉车从车库驶出到达 1 位置，由 1 位置倒入至 2 位置（甲库），从 2 位置前进到 3 位置，由 3 位置倒车至 4 位置（乙库），从 4 位置前进到 5 位置走一次 8 字路线，经 6 位置行驶到 7 位置，由 7 倒车经 5 走第二次 8 字，由 6 回至车库。（其中第二次倒走 8 字视学生的掌握情况而定）

作业三

正确利用内燃叉车叉取托盘：起动叉车，叉取托盘抬升至离地 20 ～ 30cm，然后卸下托盘，倒车复位，填写内燃叉车装卸作业单（见表 10-7）。

操作具体要求如下：

1. 起步时货叉提升 20 ～ 30cm，门架后倾 15°，挂 1 挡，鸣笛起步。
2. 货叉不允许碰撞托盘。
3. 托盘不允许倾斜着地。
4. 叉取抬升托盘时，挂空挡，拉驻车制动。

作业四

在规定的时间内完成货物的易位操作，即货物（托盘）从一个货架移到另外一个货架（线路与货架层次学生自行定）。填写内燃叉车使用作业单（见表 10-8）。

操作具体要求如下：

1. 起步时货叉提升 20 ～ 30cm，门架后倾 15°，挂 1 挡，鸣笛起步。
2. 货叉不允许碰撞托盘、货架。
3. 叉取抬升托盘时，挂空挡，拉驻车制动。

知识准备

一、内燃叉车的结构

内燃叉车的种类多种多样，但基本上每种叉车都由门架、起升液压缸、控制杆、挡货架、货叉等组成，只是这些构件在特点及安装位置上存在一定的差异，可参照叉车结构

（见图 10-6）和叉车操作室结构（见图 10-7）。

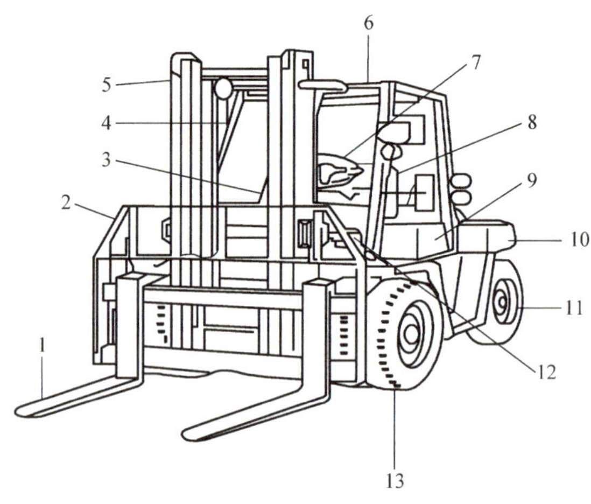

图 10-6　叉车结构

1—货叉　2—挡货架　3—控制杆　4—起升液压缸　5—门架　6—护顶架　7—转向盘　8—座椅　9—内燃机罩　10—平衡重　11—后轮胎　12—倾斜液压缸　13—前轮

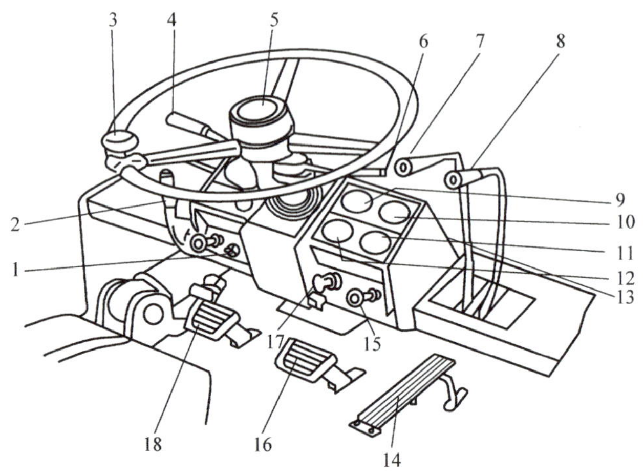

图 10-7　叉车操作室结构

1—怠速控制旋钮　2—手制动操纵杆　3—转向盘　4—变速排挡杆　5—喇叭按钮　6—转向灯开关　7—升降操纵杆　8—倾斜操纵杆　9—计时表　10—燃油表　11—发动机水温表　12—发动机油压表（CPCD50—70H/HA）　13—变矩器油温表（F05W、F05V）　14—油门踏板　15—大小灯开关　16—制动踏板　17—起动开关　18—微动踏板

二、如何驾驶内燃叉车

本节以内燃平衡重式叉车为例，介绍其驾驶方法，具体步骤如下：

1. 检查车辆

（1）叉车作业前后，应检查外观，加注燃料、润滑油和冷却水。

（2）检查灯光、喇叭信号是否齐全有效。

（3）检查起动、运转及制动安全性能。

（4）叉车运行后还应检查燃料外泄情况并及时更换密封件。

（5）叉车运转过程中应检查压力、温度是否正常。

2. 起步

（1）起步前，观察四周，确认无妨碍行车安全的障碍后，先鸣笛、后起步。

（2）起步必须缓慢平稳起步。

（3）叉车在载物起步时，驾驶员应先确认所载货物平稳可靠。

（4）液压（气压）式制动的车辆，制动液压（气压）表必须达到安全方可起步。

3. 行驶

（1）行驶时，货叉底端距地高度应保持 200 ～ 300mm，门架须后倾。

（2）行驶时不得将货叉升得太高。进出作业现场或行驶途中，要注意上空有无障碍物刮碰。载物行驶时，货叉不准升得太高，以免影响叉车的稳定性。

（3）转弯时，如附近有行人或车辆，应先发出行驶信号。禁止高速急转弯！高速急转弯会导致车辆失去横向稳定而倾翻。

（4）卸货后应先降落货叉至正常的行驶位置后再行驶。

（5）行驶叉车在下坡时严禁熄火滑行，非特殊情况禁止载物行驶中紧急制动。

（6）叉车运行时，载荷必须处于不妨碍行驶的最低位置，门架要适当后倾。除堆垛或装车时，不得升高载荷。

（7）禁止在坡道上转弯，也不应横跨坡道行驶。

（8）载物高度不得遮挡驾驶员视线。特殊情况下物品影响前行视线时，倒车要低速行驶。

（9）叉车在起重升降或行驶时，禁止人员站在货叉上。

（10）叉车厂区安全行驶速度为 5km/h，进入生产车间区域必须低速安全行驶。

4. 装卸

（1）叉载物品时，应按需调整两货叉间距，使两叉负荷均衡，不得偏斜，物品的一面应贴靠挡物架。

（2）禁止高速叉取货物和用叉头向坚硬物体碰撞。

（3）在进行物品的装卸过程中，必须用制动器制动叉车。

（4）车速应缓慢平稳，注意车轮不要碾压物品垫木，以免碾压物崩起伤人。

（5）禁止超载，禁止用货叉举升人员从事高处作业，以免发生高空坠落事故。

（6）禁止单叉作业或用叉顶物、拉物。特殊情况下拉物时必须设立安全警示牌提醒周围行人。

（7）叉车叉物作业时，禁止人员站在货叉周围，以免货物倒塌伤人。

（8）用货叉叉货时，货叉应尽可能深地叉入载荷下面，还要注意货叉尖不能碰到其他货物或物件。应采用最小的门架后倾来稳定载荷，以免加上载荷后向后滑动。放下载荷时可使门架少量前倾，以便于安放载荷和抽出货叉。

（9）不准用货叉挑、翻栈板的方法卸货。

（10）不准用制动惯性溜、放圆形或易滚动物品。

5. 离开叉车

（1）停车制动手柄拉死或压下驻车制动开关。

（2）禁止货叉上物品悬空时离开叉车，离开叉车前必须卸下货物或降下货叉架。

（3）发动机熄火，停电（除特殊情况，如驾驶员不离开车辆视线且不超过 1min）。

（4）拔下钥匙。

任务实施

第一步骤：确认任务书

1. 全班分为 4 组，选出组长。
2. 每组分派一项具体任务，组长组织组员进行相应的任务操作。
3. 组长对组员表现给予简要评价、打分，并完成任务单的记录。
4. 各组交叉评价，选出优胜组。

第二步骤：教师对学生的表现进行点评，并对知识内容进行总结。

作业一

表 10-5　内燃叉车结构识别作业单

<table>
<tr><td colspan="5">内燃叉车结构识别作业单</td></tr>
<tr><td colspan="2">班级：</td><td>姓名：</td><td colspan="2">学号：</td></tr>
<tr><td colspan="2">工作场所：</td><td>日期：</td><td colspan="2">组别：</td></tr>
<tr><td colspan="5">小组成员：</td></tr>
<tr><td colspan="5">设备状况：（有无故障、如何解决）</td></tr>
<tr><td colspan="5">设计要求（教师给出设计要求）：通过观察、填写零部件识别表。

</td></tr>
<tr><td>序　号</td><td>内　容</td><td>作　用</td><td>得　分</td><td>备　注</td></tr>
<tr><td>1</td><td></td><td></td><td></td><td></td></tr>
<tr><td>2</td><td></td><td></td><td></td><td></td></tr>
<tr><td>3</td><td></td><td></td><td></td><td></td></tr>
<tr><td>4</td><td></td><td></td><td></td><td></td></tr>
<tr><td colspan="5">讨论与总结：叉车由哪几大部分组成？各有什么作用？</td></tr>
<tr><td colspan="5">设计方案：（学生给出设计方案）</td></tr>
<tr><td colspan="5">学生自评：</td></tr>
<tr><td colspan="5">教师点评：</td></tr>
<tr><td colspan="5">改进方案：</td></tr>
<tr><td colspan="5">成绩：</td></tr>
</table>

表 10-6　内燃叉车操作作业单

内燃叉车操作作业单			
班级：	姓名：	学号：	
工作场所：	日期：	组别：	
小组成员：			
设备状况：（有无故障、如何解决）			
设计要求（教师给出设计要求）：内燃平衡重式叉车一辆，正确完成叉车行驶的操作，行驶路线由直行和绕“8”字形相结合。			
序　号	填写内容	得　分	备　注
1．叉车起步操作方法			
2．叉车挂挡操作方法			
3．叉车向前及倒车操作方法			
4．叉车转向操作方法			
5．叉车制动与定点停车的操作方法			
学生自评：			
教师点评：			
改进方案：			
成绩：			

表 10-7　内燃叉车装卸作业单

内燃叉车装卸作业单			
班级：	姓名：	学号：	
工作场所：	日期：	组别：	
小组成员：			
设备状况：（有无故障、如何解决）			
设计要求（教师给出设计要求）：内燃平衡重式叉车一辆。			
序　号	内　容	得　分	备　注
1．叉车起动与熄火操作			
2．叉车货架的升降与门架的前后倾斜的操作			
3．正确取货的操作			
4．正确卸货的操作			
设计方案：（学生给出设计方案）			
学生自评：			
教师点评：			
改进方案：			
成绩：			

作业四

表 10-8　内燃叉车使用作业单

内燃叉车使用作业单		
班级：	姓名：	学号：
工作场所：物流技术设备实训场	日期：	组别：
小组成员：		
设备状况：（有无故障、如何解决）		
设计要求（教师给出设计要求）：内燃平衡重式叉车一辆，正确完成叉车行驶与装卸的操作；将货物（托盘）从一个货架移到另外一个货架（线路与货架层次学生自行确定）；在规定的时间内完成货物装卸与搬运作业。 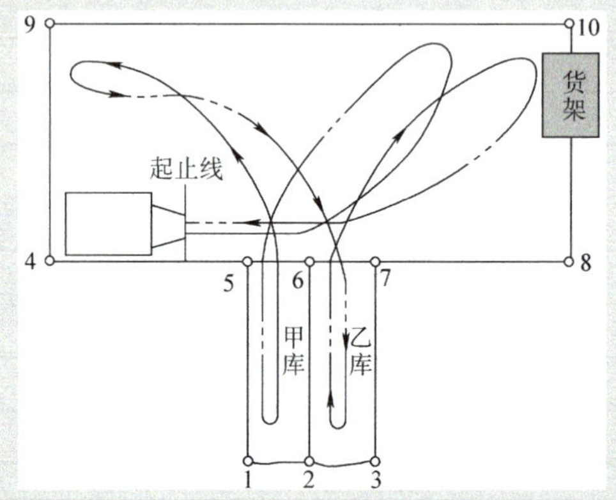		
设计方案：（学生给出设计方案）		
学生自评：		
教师点评：		
改进方案：		
成绩：		

任务巩固

在老师指导下，于校内组织一次内燃叉车驾驶技能比赛。

任务四　简单维护内燃叉车

任务描述

以前某校的内燃叉车一般由后勤人员清洗，但是最近一段时间工作人员忙碌忽略了这件事情。叉车的维护必不可少，请实训的同学们清洗一次叉车。如果你是工作人员，请针对以下两个问题进行讲解，让同学们知晓叉车清洗的注意事项。

问题一

内燃叉车清洗时需要注意什么？

内燃叉车的日常维护需要注意哪些方面？

知识准备

为了使内燃叉车处于良好的工作状态，必须对内燃叉车进行一系列的维护保养操作。内燃叉车的维护保养操作分为三种：日常维护、一级维护和二级维护。

在进行任何维护保养工作之前，必须完成以下流程操作，包括：将内燃叉车放置在平面上并确定其不会突然移动；完全放下货叉；关闭叉车并拔除钥匙。

一、内燃叉车有哪些日常维护

内燃叉车的日常维护，一般在每班工作前和工作后。具体内容包括：

（1）清洗叉车上污垢、泥土和尘埃，重点部位是：货叉架及门架滑道、发电机及起动机、蓄电池电极柱、水箱、空气滤清器。

（2）检查各部位的紧固情况，重点是：货叉架支承、起重链拉紧螺丝、车轮螺钉、车轮固定销、制动器、转向器螺钉。

（3）检查制动踏板、转向器的可靠性、灵活性。

（4）检查燃料供应系统有无变形或泄漏情况。

（5）检查渗漏情况，重点是：各管接头、柴油箱、机油箱、制动泵、升降液压缸、倾斜液压缸、水箱、水泵、发动机油底壳、变速器、驱动桥、减速器、液压转向器、转向液压缸、变矩器。

二、内燃叉车的一级维护

完成“日常维护”项目，再进行下列工作：

（1）检查节温器工作是否正常。

（2）检查与调整气门间隙。

（3）检查气缸压力或真空度。

（4）检查与调整制动器的制动片与制动鼓的间隙。

（5）检查变速器的换挡工作是否正常。

（6）检查多路换向阀、升降液压缸、倾斜液压缸、转向液压缸及齿轮泵工作是否正常。

（7）检查风扇传动带松紧程度。

（8）检查发电机及起动机安装是否牢固，与线的接头是否清洁牢固。

（9）更换油底壳内机油，检查曲轴箱通风管是否完好，更换机油滤清器和柴油滤清器滤芯。

（10）检查车轮安装是否牢固，轮胎气压是否符合要求，并清除胎面潜入的杂物。

（11）由于进行保养工作而拆了零部件，当重新装配后要进行叉车路试。

1）货叉架升降速度是否正常，有无颤抖。

2）倾听发动机在加速、减速、重载或空载等情况下运转，有无不正常声响。

3）路试一段里程后，应检查制动鼓、变速器、桥壳、齿轮泵等处有无过热。

4）不同程度下的制动性能，应无跑偏、蛇行。在陡坡上驻车制动拉紧后，能可靠停车。

三、内燃叉车的二级维护

结合一级保养各项目进行，并增添下列工作：

1. 发动机部分

（1）检查高压线外观，测量高压线电阻。

（2）检查、清洁软管及接头。

（3）检查传动带外观，调整传动带松紧度。

（4）更换机油及机油滤清器、空气滤清器滤芯，检查机油分离器。

（5）检查、调整气门间隙。

（6）检查、调整火花塞电极间隙。

（7）检查、清洁分电器各部件，更换继电器触头，调整触电间隙，检查点火时间。

（8）检查水箱、水泵、水管外观及连接情况和水泵工作情况，检查节温器及水温传感器的工作情况，检查冷却液。

（9）检查、紧固排气管、消声器。

（10）检查 EGR 阀与温控真空阀密封及工作情况。

（11）检查油箱、油管、接头外观和密封情况。

2. 传动部分

（1）检查油封、连接部件等。

（2）检查防尘套、卡箍外观及紧固状况。

（3）检查传动油面及油质，检查壳体密封性和螺栓、螺母紧固情况，检查变速操纵机构和润滑情况。

3. 转向系统

（1）检查前轮外倾和主销后倾，查看相关部件是否有损伤变形，检查、调整转向角。

（2）检查转向轴外观、转向轴万向节的松紧度和完好情况，检查转向齿轮、齿条及轴承、衬套、防尘套，检查转向盘自由行程。

4. 制动系统

（1）检查比例阀密封性，检查、排放液压系统空气。

（2）检查制动钳、钳销及制动块导向片，检查制动块分泵密封、回位情况。

（3）检查驻车制动操纵杆是否完好、紧固，检查拉索装配及工作情况。

（4）拆检制动鼓，检查制动块、制动盘磨损状况，检查制动蹄回位弹簧，检查制动蹄间隙、自动调整装置，检查制动蹄及摩擦片，清洁制动底板及其各部的磨屑或灰尘，检查制动鼓工作情况，视需要调整制动蹄与制动鼓间隙。

（5）检查总泵各部位密封状况，检查制动液储液罐液位，检查各橡胶软管是否完好，检查、紧固各接头。

（6）检查、调整制动踏板高度，调整踏板自由行程，检查轮毂轴向间隙、轮毂轴承磨损及运转情况，检查、紧固轮毂螺栓及锁销。

5. 电气部分

（1）检查发电机，紧固连接螺栓，检查电刷并测量发电性能。

（2）检查各仪表感应器、熔丝及各种开关，必要时进行调整。

（3）清洁蓄电池表面及极桩，测量电解液密度，补充蒸馏水，测量蓄电池电压，视需要充电。

（4）起动机清洁，检查外观，紧固连接螺栓，检查驱动齿及电磁开关工作状况，检查起动性能。

6．车体及提升系统

（1）检查货架、车架有无变形，各附件固定是否可靠，必要时补添焊牢。

（2）检查起升液压缸、倾斜液压缸及转向液压缸的密封情况、活塞杆工作情况。

液化石油气叉车还需检查以下内容：

（1）钢瓶检测。

1）瓶体外观目测有无变形或其他异常。

2）钢瓶配件：看各阀门有无损伤、漏气，功能是否正常。

3）安全阀口处应有蓝色护套，口内不得有异物。如有异常应交当地检验部门（或专业厂人员）维护处理。

（2）高压系统（指钢瓶出口到“汽化器 / 调压器”部分）。

1）看高压胶管是否紧固合理，有无变形老化。

2）管路安全阀应有蓝色护套，口内不得有异物。

3）各接头不漏气、不老化，要在车上结合处用肥皂水试漏。

（3）低压系统检查及测漏（调节器出口至混合器）。

1）低压胶管有无损伤、漏气。

2）各接头是否有漏气或异常。

（4）真空信号管及“调节器”的热水管检查

检查胶管有无老化、变形，有无漏气或漏水。

（5）过滤器 / 真空切断阀

1）全面修理、更换易损件。

2）分解、清洗检测内部，更换滤网。

3）检查功能，即过滤和真空切断。例如，网片堵塞则会出现功率不足等现象，真空信号部分故障则会起动困难。

（6）汽化器 / 调节器

1）检查工作情况。

2）全面修理、更换易损件。

3）分解、清洗，检测内部各部分。

（7）混合器

1）全面修理并更换易损件。

2）检查怠速及动力比的调整。

3）分解、清洗，检查内部各零部件。

（8）内燃机进气系统密性试验

此项可参考内燃机的有关规定，或当传到混合器的真空吸力不足而影响运行时检查。

（9）内燃机点火系统检测

当出现起动机运转而发动机不起动时，首先检查点火系统，再检查 LPG 系统。

任务实施

1. 全班分为 4 组，选出组长。对叉车进行不定期维护。

2. 组长组织组员对内燃叉车进行清洗，大家共同努力填写《内燃叉车基本维护登记表》（见表 10-9）。

3. 教师对学生的表现进行点评，并对知识内容进行总结。

表 10-9　内燃叉车基本维护登记表

内燃叉车基本维护登记表				
班级：		姓名：		学号：
场所：		日期：		组别：
小组成员：				
1. 内燃叉车基本情况调查				
序 号	项 目	情 况	措 施	得 分
1	燃油			
2	机油			
3	液压油			
4	水箱水位			
5	前照灯			
6	转向灯			
7	制动			
8	升降系统			
9	轮胎和气压			
2. 讨论与总结 内燃叉车基本维护主要有哪些？				
学生自评：				
教师点评：				
改进方案：				
成绩：				

任务巩固

学生组队为老师设计一个叉车维护技能大赛方案，如组织一次内燃叉车的轮胎拆换竞赛。具体要求如下：

1. 查找相关资料，整理归纳。

2. 组员之间进行充分的讨论，作出方案的可行性分析。

3. 教师将根据学生设计的方案进行点评，选择可行性最好的一个或若干个方案进行实施。

考核与评价

项目实施评价表

考核项目	考核要求	配分	评分标准	得分		备注
				自评	师评	
类型识别	1. 说出教师提供的某类叉车图片中设备的名称 2. 至少指出该类叉车的2个特点	15	1. 不能说出某类叉车的名称，扣5分 2. 1个特点也未指出，扣5分，指出不足2个特点，扣10分			
结构识别	1. 依据教师任意指出的4个叉车部位，说出该部位的名称 2. 简要说出该部位的作用	35	1. 名称：只指出1个部位的名称扣10分，只指出2个扣5分，只指出3个扣2.5分 2. 作用：只指出1个部位的作用扣10分，只指出2个扣5分，只指出3个扣2.5分			
驾驶操作	1. 正确起动叉车 2. 叉车起步操作方法 3. 叉车挂挡操作方法 4. 叉车向前及倒车操作方法 5. 叉车转向操作方法 6. 叉车制动与定点停车的操作方法	50	1. 不能正确操作任一步骤，扣5分 2. 超出指定区域一处，扣2分			
安全规范	自觉遵守安全文明驾驶规程		1. 每违反一项规定，扣3分 2. 发生安全事故，0分处理			
时　　间	30min		提前正确完成，每5min加2分 超过定额时间，每5min扣2分			
开始时间：		结束时间：		实际时间：		

项目十一　操作电动叉车

学习目标

1. 认识主要类型的电动叉车
2. 了解电动叉车的主要参数与性能指标
3. 理解电动叉车的选择原则
4. 掌握电动叉车的简单维护的保养
5. 正确驾驶电动叉车

项目概述

随着人们环保意识的不断提高，电动叉车因其无污染、机动性能好、功率较大，而受到青睐，其需求量不断增加。本项目主要解读电动叉车，大家通过完成四个任务来学习电动叉车的类型、技术参数、选择原则等知识，并掌握电动叉车的正确驾驶与简单维护。

任务一　接触电动叉车

任务描述

随着环保意识的增强，电动叉车越来越被人们重视，电动叉车的需求量也在不断的增加。某职业学校准备购买杭州电动叉车系列，供平时实训用。

请同学给学校提供些许建议，结合学校的实际情况，选择电动叉车时，需要注意叉车的哪些性能指标？

知识准备

一、什么是电动叉车

电动叉车是以蓄电池或交流电为动力的搬运车辆。与内燃叉车相比，电动叉车结构简单、操作方便、起步平稳、污染小、噪声小，广泛应用于室内。其缺点是受蓄电池容量的限制，其驱动功率和起重量都比较小，作业速度低，对路面要求高，且需要专门的充电设施。

二、电动叉车有哪些类型

1. 电动平衡重式叉车

以电瓶为动力的平衡重式叉车，简称电瓶叉车。它具有操作容易，无废气污染等特点，适合室内作业。随着环保要求的提高，电瓶叉车的需求将会日趋增长。电瓶叉车可进一步分为三轮式（见图 11-1）与四轮式（见图 11-2），后轮驱动与前轮驱动。

图 11-1　三轮式电动叉车

图 11-2　四轮式电动叉车

2. 电动前移式叉车

前移式叉车指带有外伸支腿，通过门架或货叉进行载荷搬运的堆垛用起升车辆。前移式叉车（见图 11-3）的门架（或货叉）可以前后移动，当门架前移至顶端，载荷重心落在支点外侧，此时相当于平衡重式叉车；当门架完全收回后，载荷重心落在支点内侧，此时即相当于电动堆垛机。这两种性能的结合，保证操作灵活性及载荷性能的同时，不会增加很多的体积与自重，最大限度地节省作业空间。

图 11-3　电动前移式叉车

3. 电动托盘搬运叉车

电动托盘搬运叉车（见图 11-4）是以蓄电池为动力，搬运托盘为主的搬运车辆。与平衡重式叉车相比，电动托盘搬运叉车体型小、自重轻，主要用于中短距离的区域装卸搬运。

图 11-4　电动托盘搬运叉车

4. 电动托盘堆垛叉车

电动托盘堆垛叉车（见图 11-5）在结构上比电动托盘搬运叉车多了门架，承载能力为 1.0 ～ 1.6t，作业通道宽度一般要求为 2.3 ～ 2.8m，货叉提升高度一般在 4.8m 内，主要用于仓库内的货物堆垛及装卸搬运。

图 11-5　电动托盘堆垛叉车

5. 电动拣选叉车

电动拣选叉车（见图 11-6）主要应用于某些配送中心，不需要整托盘出货，而是按照订单拣选多种品种的货物组成一个托盘。按照拣选货物的高度，电动拣选叉车可分为低位拣选叉车（2.5m 内）和中高位拣选叉车（最高可达 10m）。

图 11-6　电动拣选叉车

6. 电动三向堆垛叉车

电动三向堆垛叉车（见图 11-7）具有回转侧移结构，该叉车可以在车辆横向的一侧或两侧进行堆垛作业，其最大起升作业高度可以达到 12m。

图 11-7 电动三向堆垛叉车

7. 电动牵引车

电动牵引车（见图 11-8）指采用电动机驱动，利用其牵引能力（3 ～ 25t）在其后拉动几个装载货物的小车。它经常用于车间内或车间之间大批货物的运输。

图 11-8 电动牵引车

三、电动叉车有哪些技术参数与性能指标

电动叉车的技术参数是用来说明和反映叉车的结构特性和工作性能的。其主要技术参数见表 11-1。

表 11-1 电动叉车的主要技术参数

常见技术参数	类 别	单 位	举例：CPD15EX
特征	驾驶方式		坐驾式
	额定载荷	kg	1 500
	载荷中心距	mm	500
	前悬距	mm	428
	轴距	mm	1 460
重量	自重	kg	3 520
尺寸	轮距	mm	970/920（前 / 后）
	门架 / 货叉架倾斜角度	（°）	3/6（前 / 后）

（续）

常见技术参数	类　别	单　位	举例：CPD15EX
尺寸	门架闭合高度	Mm	2 090
	自由提升高度	mm	0
	起升高度	mm	3 000
	总高，门架最高位置	mm	3 617
	门架底端离地高度（满载）	mm	100
	车体离地高度	mm	130
	最小工作通道宽 托盘尺寸 1 000（长）x200（宽）	mm	3 600
	最小工作通道宽 托盘尺寸：800（长）x1 200（宽）	mm	3 400
	外缘转弯半径	mm	1 980
性能	行驶速度	km/h	11.5/12（满载 / 空载）
	提升速度	mm/s	280/300（满载 / 空载）
	下降速度	mm/s	460/380（满载 / 空载）
	最大爬坡度	%	10/15（满载 / 空载）
电动机	驱动电动机功率	kW	7.5（交流）
	液压泵电动机功率	kW	8.2（交流）
蓄电池	电压	V	48
	容量	A·h	480
	电池重量	kg	750
	行走、提升、转向控制		交流变频
其他	平均噪声	dB（A）	68
	牵引栓		插销

任务实施

请认真阅读表 11-2，填写表 11-3。

表 11-2　杭州电动叉车系列主要技术参数和性能指标

常见技术参数	参数名称	参数要求	单　位	技术规格	
特征	制造厂	简称 / 代号		台励福	台励福
	型号	制造厂型号标志		FB15	FB20
	荷重能力	重量	kg	1 500	2 000
	荷重中心	距离	mm	500	500
	动力	柴油式，汽油发动机，LPG，蓄电池		蓄电池	蓄电池
	门架倾角	前倾 / 后倾	deg	6/12	6/12
	高度	自由起升高度	mm	1985	1985
		作业时最大高度	mm	4220	4220
	外缘转弯半径		mm	1 800	2 075
性能	速度	运行速度：全负荷 / 无负荷	km/h	10/12	12/14
		起升速度：全负荷 / 无负荷	mm/s	260/530	290/450
		下降速度：全负荷 / 无负荷	mm/s	550/470	450/420
	爬坡能力	全负荷 / 无负荷	deg	14/13	14/19

（续）

常见技术参数	参数名称	参数要求	单 位	技术规格	
车体	净重（含电池组）		kg	2 980	4 100
	轴距		mm	1 350	1 540
	轮距	两轮中心距：前 / 后	mm	910/895	975/990
	制动	行车制动（脚制动）		液压式制动	液压式
		停车制动（手制动）		机械式制动	机械式

表 11-3 杭州电动叉车的部分技术参数和性能指标

	最大起升高度	自由起升高度	载荷中心距	门架倾角（前、后）	最大起升速度	最大运行速度	最大坡度（满载）	外缘转弯半径	额定载重量	轴距	前后轮距
FB15											
FB20											

假如你是该校的实训处负责人，你会如何选择？并说明理由。

任务巩固

1．经过以上训练，重新陈述电动叉车的主要技术参数与性能指标。

2．书面作业：通过社会调查或网上查找相关资料，列举你所在县市某一家叉车经营公司，介绍它所经营的电动叉车。

任务二　选择电动叉车

任务描述

某物流公司夜间来了一批成品件，每件货物毛重标注为 3t，其物流公司员工用 CPCD2t 的叉车进行卸货。当驾驶员卸货时发现无法将货物升起，才发现叉车型号出错。

为了更好地进行货物的装卸搬运，我们在选择使用电动叉车时需解决以下两个问题：

任务一

对成品件装卸前，应考虑哪些因素？请完成表 11-4。

任务二

平时在选择电动叉车作业前，需要注意什么？

知识准备

电动叉车的种类很多，规格各异。在流通管理中首先应了解电动叉车的选用原则，才能充分发挥叉车的使用价值，总的来说应考虑以下四个方面。

一、叉车的性能

1. 应满足使用性能要求

选用叉车时应合理确定叉车的技术参数，如起重量、工作速度、起升高度、门架倾斜角度等。

2. 应有较好的经济性

选择叉车除考虑叉车应具有良好的技术性能外，还应有较好的经济性：使用费用低、燃料消耗少、维护保养费用低等。

二、物资的特性

物资的特性主要指重量、尺寸等，因其影响电动叉车的最大起升高度、额定载重量的选择。

当作业货物体积庞大或者尺寸不规则时，货叉上货物实际中心可能会超出规定的载荷中心距；同时，一定载重量下的最大起升高度受货叉纵向稳定性的限制，当作业不规则尺寸货物的情况下，叉车的实际最大起升高度远小于额定起升高度，若依然起升货物至额定最大起升高度，则容易造成叉车倾翻的危险。

三、配套的设备

由于电动叉车一般应用于室内作业，且额定载重量较燃油叉车要小一些，它的配套设备（如托盘），一般选择较轻型的材质，如塑料托盘。目前国内通常采用的是标准规格的托盘形式，首选为亚洲联运托盘标准，为 1 200mm×1 000mm（优先标准）或 1 100mm×1 100mm 的四向进叉式塑料托盘；1 200mm×800mm 的塑料托盘也较为常用。

四、工作环境

电动叉车的选用还与工作场所及工作环境有关。

1. 楼上作业

室内楼上作业，对电动叉车的型号作了限定。限制条件包括：

（1）电梯额定起重量。指货运电梯运行良好的情况下，允许运送的最大重量。该参数主要影响一次性载运货物的重量，从而影响电动叉车的额定载重量的选择。

（2）电梯尺寸。指货运电梯的尺寸，即长、宽、高。该参数主要影响托盘的尺寸，以及电动叉车门架的尺寸的选择。

（3）楼板最大承受重量。指楼板单位面积上所能承受的最大重量。该参数影响电动叉车自重、额定载重量的选择。

（4）楼层间净间距。指楼板与楼顶的垂直距离。该参数影响电动叉车的总高度的选择。

2. 地面作业

（1）仓库进出口尺寸。它主要影响电动叉车门架高度、宽度的选择。

（2）坡度（见图 11-9）。它主要影响电动叉车爬坡能力的选择。

（3）所需自由提升高度。

（4）货架间距。图 11-10 的 *C* 为货架间距，主要影响电动叉车最小转弯半径的选择。

（5）通道间距。图 11-10 的 *D* 为通道间距，主要影响电动叉车最小转弯半径、轴距的选择。

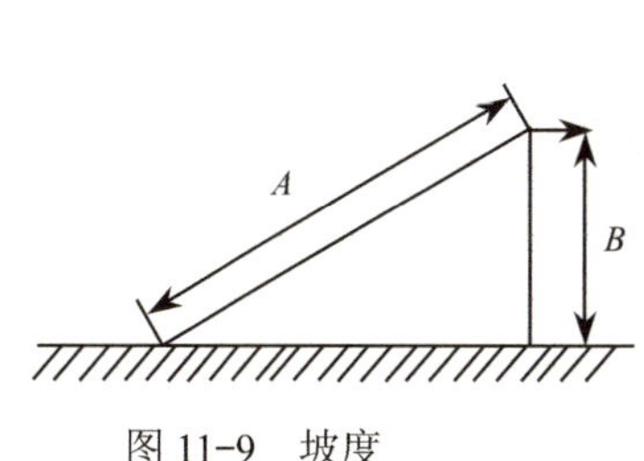

图 11-9　坡度

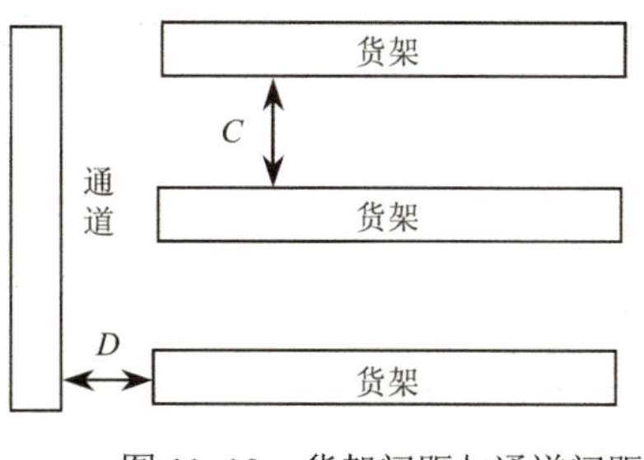

图 11-10　货架间距与通道间距

任务实施

第一步骤：确认任务书

1. 全班分为四组，选出组长。
2. 组长组织组员讨论，将各组员的发言记录下来。
3. 组长或某一组员将本组同学的发言归纳整理。
4. 组长对组员表现给予简要评价。
5. 各组交叉评价，选出优胜组。

第二步骤：小组讨论和完成“组员发言”、“论题小结”任务

第三步骤：小组成果展示，每一小组派代表发言

第四步骤：组与组之间相互评价

第五步骤：教师对学生的表现进行点评，并对知识内容进行总结

表 11-4　电动叉车选择注意事项

班　级		小组名称		组　长	
小组成员	姓名：				
	学号：				
活动主题 1	对成品件装卸前，应考虑哪些因素？				
组员发言					
活动主题 2	平时在选择电动叉车作业前，需要注意什么？				
组员发言					
论题小结					
组长对组员表现的总结					
教师点评					

任务巩固

书面作业：通过社会调查或网上查找相关资料，列举你所熟悉的一家仓储物流公司，介绍其所拥有的电动叉车，以及选用该类电动叉车的原因。

任务三　使用与维护电动叉车

任务描述

在上一个任务中，我们认识了电动叉车的结构。在这个任务中，我们将对电动叉车进行正确的操作。

任务一

观察学校的电动叉车，识别电动叉车的主要结构，填写电动叉车结构任务单（见表 11–5）。

任务二

掌握正确的电动叉车驾驶技术，填写电动叉车操作作业单（见表 11–6）。

要求与注意点如下：

（1）只允许挂一挡，以免操作不熟练出现危险。

（2）电动叉车起步时，货叉抬升 20 ～ 30cm，门架后倾 15°。

（3）直行路线和绕“8”字路线相结合，操作电动叉车。

（4）注意电动叉车起步操作方法、挂挡操作方法、叉车向前及倒车操作方法、叉车转向操作方法、叉车制动与定点停车的操作方法。

任务三

正确利用电动叉车叉取托盘：启动叉车，叉取托盘抬升至离地 20 ～ 30cm，然后卸下托盘，倒车复位。填写电动叉车装卸作业单（见表 11–7）。

（1）起步时货叉提升 20 ～ 30cm，门架后倾 15°，挂 1 挡，鸣笛起步。

（2）货叉不允许碰撞托盘。

（3）托盘不允许倾斜着地。

（4）叉取抬升托盘时，挂空挡，拉驻车制动。

任务四

在规定的时间内完成货物的易位操作：即将货物（托盘）从一个货架移到另外一个货架（线路与货架层次学生自定）。填写电动叉车使用作业单（见表 11–8）。

操作具体要求如下：

（1）起步时货叉提升 20 ～ 30cm，门架后倾 15°，挂 1 挡，鸣笛起步。

（2）货叉不允许碰撞托盘、货架。

（3）叉取抬升托盘时，挂空挡，拉驻车制动。

知识准备

一、如何操作电动叉车

1．起动

（1）车辆起动前，检查起动、音响信号，电瓶电路，运转、制动性能，货叉，轮胎，使之处于完好状态。

（2）当有机械问题的时候，不能自己进行修理。应关掉叉车并告知机械修理人员。

（3）起步时要查看周围有无人员和障碍物，然后鸣笛起步。

（4）叉车在载物起步时，驾驶员应先确认所载货物平稳可靠；起步时须缓慢平稳。

2．行驶

（1）叉车在运行时，不准任何人上下车，货叉上严禁站人。确实需要叉车辅助人员工作时，应配有专门用于叉车的篮子，货叉应叉入篮子下面专用的固定槽中。

（2）在吊笼中工作的人员不超过 2 人。

（3）在吊笼高空作业过程中，叉车驾驶员必须佩戴安全帽、安全带，所有工具装在工具袋内，以免掉落。

（4）如果高空作业性质为盘点、贴标签等基本无危险的工作，叉车驾驶员不要离开叉车，以便及时提供协助。

（5）如果是维修灯具、管路等需要使用金属工具的工作，叉车驾驶员可以选择戴安全帽，坐在驾驶室协助；也可以选择离开叉车驾驶室，在叉车周围 8 ～ 10m 之内戴好安全帽作安全监护，提示行人绕行以及警告无关人员不得操作叉车。

（6）只能将安全框放到 2m 以下后，叉车才能移动。

（7）除装卸货物外，必须靠右边行驶。

（8）空载时货叉距地面 50 ～ 150mm；载货行驶时货件离地高度不得大于 500mm，起升门架须后倾到限。

（9）如遇前面有人，应当按喇叭提示叉车的行车路线。

（10）应与其他叉车保持 3 台自身叉车长的安全距离，叉车会车时除外。

（11）在交叉或狭窄路口，应小心慢行，并按喇叭随时准备停车。

（12）进出作业现场或行驶途中，要注意上空有无障碍物刮碰。非紧急情况下，不能急转弯和紧急制动。

（13）空车上下斜坡。如果在斜坡上空车行驶，需要倒退上坡，货叉向前行驶下坡，这样重心会落在前轮上。

（14）载货时上下斜坡。如果在斜坡上载货行驶，需要货叉向前行驶上坡，倒退行驶下坡，这样重心也会落在前轮上，任何情况下都不允许在斜坡上掉头。

（15）叉车原则上不准超车，但要超越停驶车辆时，应减速鸣笛，注意观察，防止该车突然起步或有人从车上跳下。

3．作业

（1）遵守“七不准”。

1）不准将货物升高作长距离行驶（高度大于 500mm）。

2）不准用货叉挑翻货盘和利用制动惯性溜放的方法卸货。

3）不准直接铲运危险品。

4）不准用单货叉作业。

5）不准利用惯性装卸货物。

6）不准用货叉带人作业，货叉举起后货叉下严禁站人和进行维修工作。

7）不准用叉车去拖其他车，如确实需要叉车牵引，则需经过行政主任同意。

（2）严禁超载、偏载行驶。

（3）作业速度要缓慢，严禁冲击性的装载货物。

（4）装卸货物时，即货叉承重开始至承重平稳以及相反的过程期间，必须制动。

（5）停车后禁止将货物悬于空中，卸货后应先降货叉至正常的行驶位置后再行驶。

（6）货叉在接近或撤离物品时，车速应缓慢平稳，注意车轮不要碾压物品、垫木（货盘）和叉头，不要刮碰物品扶持人员。

（7）叉车在起重升降或行驶时，禁止任何人员站在货叉上把持物件或起平衡作用。叉车叉物升降时，货叉范围半径 1m 内禁止有人。

（8）搬运影响视线的货物或易滑的货物时，应倒车低速行驶。

（9）运货上货柜车前，应先观察货柜车与发货台是否靠紧，货车车轮是否按规定将三角木垫好，车厢里是否有人，估计货车的承重能力和货车与踏板的倾斜度，确认安全后再装卸。

（10）叉载物品时，货物重量应平均分担在两货叉上，货物不得偏斜，物品的一面应贴靠挡货架。小件货物应放入集物箱（板）内，防止掉落。叉车所载物品不得遮挡驾驶员视线，如出现遮挡驾驶员视线时应倒车缓慢行驶，如遇上坡则不应倒车行驶，应有一人在旁指挥货叉朝上前进，发现或损坏货物、设施要如实上报。

4．停车

（1）不能将叉车停在紧急通道、出入口、消防设施旁。

（2）叉车暂时不使用时应关掉电源，拉紧驻车制动。

（3）尽量避免停在斜坡上，如不可避免，则应取其他可靠物件塞住车轮拉紧驻车制动并熄火。停放时应将货叉降到最低位置，拉紧驻车制动，切断电路，并不能停放在纵坡大于5%的路段上。

5．充电

（1）使用充电器时，要选用与叉车配套的充电器，要轻拿轻放。

（2）充完电后，应先关掉电源，再拉出充电器插头，并将充电器挂好，严禁随意放在地上。

二、如何保养和维护电动叉车

定期保养电动叉车可以提前发现叉车故障，降低电动叉车使用过程中的故障率，延长电动叉车的使用寿命，并减少叉车维修的费用，减少整个电动叉车的运行成本，减少生产过程中事故发生，使叉车工作正常可靠，发挥叉车潜在能力。

电动叉车厂家规定电动叉车在运行过程中每 200h 需要彻底地保养一次，通过保养项目检查，可以全面了解电动叉车运行的实际情况，及早地发现电动叉车的隐患，并及早地排除故障。

没有经过保养的电动叉车出现的故障一般都是大的故障，往往会导致电动叉车不能运行。就电动叉车电动机来说，没有经过保养的电动机，没有经常检查电动机炭刷的磨损，往往会导致电动机起火，从而烧坏转子，加大维修费用。

电动叉车技术维护保养措施具体说明如下：

1．日常维护

（1）清洗电动叉车上污垢、泥土和尘埃，重点部位是：货叉架及门架滑道、发电机及起动器、蓄电池电极叉柱、水箱、空气滤清器。

（2）检查各部位的紧固情况，重点是：货叉架支承、起重链拉紧螺丝、车轮螺钉、车轮固定销、制动器、转向器螺钉。

（3）检查蓄电池是否缺电池水，及时补充电池水。

（4）检查渗漏情况，重点是：各管接头、制动泵、升降液压缸、倾斜液压缸、变速器、驱动桥、液压转向器、转向液压缸。

（5）检查制动器、转向器的可靠性、灵活性。

2．技术保养

按照“日常维护”项目进行，并增添下列工作。

（1）液压系统。

1）清理液压油箱，更换液压油，清理滤清器。

2）检查液压唧筒、油喉、接头及油封等是否漏油。

3）如有需要，调校、清理液压油阀。

（2）链条组件。

1）清理升降链条、链轴，加润滑油。

2）清理行车链条、轴承，加润滑油。

3）检查升降链条、是否有裂纹、损坏。

（3）传动系统。

1）清理齿轮箱，换齿轮油。

2）清理传动轴承、轴承，加润滑油。

3）检查和调校制动系统，活动接头加润滑油。

4）检查自动波箱，如需要，更换自动波箱及滤清器。

5）检查轮胎情况及轮胎。

（4）电路系统。

1）整体电路除尘。

2）检查和调校电池硫酸比例，清理电池表面，收紧电池接线头。

3）绝缘和连接部件是否有受损或松脱。

4）检查接触点是否有磨损。

5）检查升降、行车及液压泵碳精。

6）检查灯光信号系统，如有需要，更换灯泡及熔丝。

7）检查各控制系统的灵敏度。

3. 全车润滑

新电动叉车或长期停止工作后的电动叉车，在开始使用的两个星期内，对于应进行润滑的轴承，在加油润滑时，应利用新润滑油将陈润滑油全部挤出，并润滑两次以上，同时应注意下列几点：

（1）润滑前应清除油盖、油塞和油嘴上面的污垢，以免污垢落入机构内部。

（2）用油脂枪压注润滑剂时，应压注到各部件的零件结合处挤出润滑剂为止。

（3）在夏季或冬季应更换季节性润滑剂（机油等）。

任务实施

第一步骤：确认任务书

1. 全班分为四组，选出组长
2. 组长组织组员进行相应的任务操作
3. 组长对组员表现给予简要评价、打分
4. 各组交叉评价，选出优胜组

第二步骤：教师对学生的表现进行点评，并对知识内容进行总结

作业一

表 11-5　电动叉车结构识别作业单

电动叉车结构识别作业单				
班级：	姓名：		学号：	
工作场所：	日期：		组别：	
小组成员：				
设备状况：（有无故障、如何解决）				
设计要求（教师给出设计要求）：通过观察、填写零部件识别表。  				
序　号	内　容	作　用	得　分	备　注
1				
2				
3				
4				
5				
讨论与总结：叉车由哪几大部分组成？各有什么作用？				
设计方案：（学生给出设计方案）				
学生自评：				
教师点评：				
改进方案：				
成绩：				

表 11-6　电动叉车操作作业单

电动叉车操作作业单			
班级：	姓名：	学号：	
工作场所：	日期：	组别：	
小组成员：			
设备状况：（有无故障、如何解决）			
设计要求（教师给出设计要求）：电动叉车一辆，正确完成叉车行驶的操作，行驶路线由直线和绕“8”字线相结合。			
序　　号	填写内容	得　　分	备　　注
1．叉车起步操作方法			
2．叉车挂挡操作方法			
3．叉车向前及倒车操作方法			
4．叉车转向操作方法			
5．叉车制动与定点停车的操作方法			
设计方案：（学生给出设计方案）			
学生自评：			
教师点评：			
改进方案：			
成绩：			

作业三

表 11-7　电动叉车装卸作业单

电动叉车装卸作业单			
班级：	姓名：	学号：	
工作场所：	日期：	组别：	
小组成员：			
设备状况：（有无故障、如何解决）			
设计要求（教师给出设计要求）：电动叉车一辆，正确完成叉车的装卸作业。			
操作内容	完成情况	得　　分	备　　注
1．叉车起动与熄火操作			
2．叉车货架的升降与门架的前后倾斜的操作			
3．正确取货的操作			
4．正确卸货的操作			
设计方案：（学生给出设计方案）			
学生自评：			
教师点评：			
改进方案：			
成绩：			

作业四

表 11-8　电动叉车使用作业单

电动叉车使用作业单		
班级：	姓名：	学号：
工作场所：物流技术设备实训场	日期：	组别：
小组成员：		
设备状况：（有无故障、如何解决）		
设计要求（教师给出设计要求）：电动叉车一辆，正确完成叉车行驶与装卸的操作，将货物（托盘）从一个货架移到另外一个货架（线路与货架层次学生自定）；在规定的时间内完成货物装卸与搬运作业。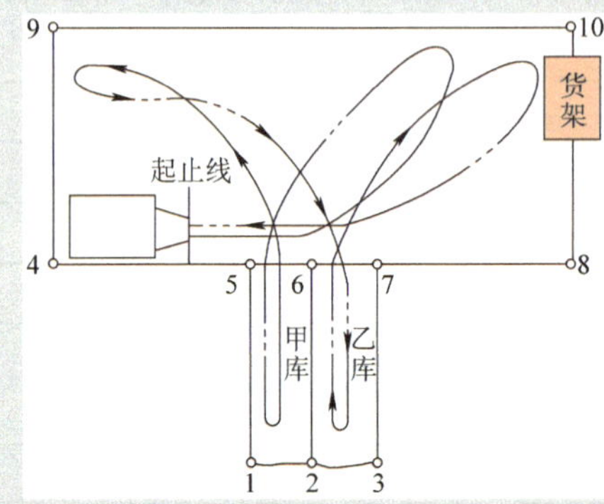		
设计方案：（学生给出设计方案）		
学生自评：		
教师点评：		
改进方案：		
成绩：		

任务巩固

在老师指导下，于校内组织一次电动叉车驾驶技能比赛。

考核与评价

项目实施评价表

考核项目	考核要求	配分	评分标准	得分		备注
				自评	师评	
类型识别	1．说出教师提供的某类叉车图片中设备的名称 2．至少指出该类叉车的2个特点	15	1．不能说出某类叉车的名称，扣5分 2．1个特点也未指出，扣5分，指出不足2个特点，扣10分			
结构识别	1．依据教师任意指出的4个叉车部位，说出该部位的名称 2．简要说出该部位的作用	35	1．名称：只指出1个部位的名称扣10分，只指出2个扣5分，只指出3个扣2.5分 2．作用：只指出1个部位的作用，扣10分，只指出2个，扣5分，只指出3个，扣2.5分			

（续）

考核项目	考核要求	配分	评分标准	得分		备注
				自评	师评	
驾驶操作	1．正确起动叉车 2．叉车起步操作方法 3．叉车挂挡操作方法 4．叉车向前及倒车操作方法 5．叉车转向操作方法 6．叉车制动与定点停车的操作方法	50	1．不能正确操作任一步骤，扣5分 2．超出指定区域一处，扣2分			
安全规范	自觉遵守安全文明驾驶规程		1．每违反一项规定，扣3分 2．发生安全事故，0分处理			
时　间	30min		1．提前正确完成，每5min加2分 2．超过定额时间，每5min扣2分			
开始时间		结束时间		实际时间		

项目十二　操作液压托盘搬运车

学习目标

1. 认识主要型号的液压托盘搬运车
2. 了解液压托盘搬运车的主要技术参数
3. 掌握液压托盘搬运车的简单维护和保养

项目概述

液压托盘搬运车是物流业内应用最为久远的物流搬运设备，是托盘运输工具中最简便、最有效、最常见的装卸搬运工具。它广泛应用于仓库、工厂、医院、学校、商场、机场、体育场馆、车站机场等。本项目主要解读液压托盘搬运车，大家通过完成两个任务来学习液压托盘搬运车的类型、技术参数，最终掌握液压托盘搬运车的正确使用与简单维护。

任务一　接触液压托盘搬运车

任务描述

作业一

通过观察手动液压托盘搬运车结构，填写各部件识别表（见表 12-2）。

作业二

测一测实训室的手动液压托盘搬运车的技术参数，填写手动液压托盘搬运车技术参数表（见表 12-3），并对各型号手动液压托盘搬运车进行比较。

知识准备

一、什么是液压托盘搬运车

液压托盘搬运车是指起搬运货物作用的小体积液压搬运设备。它操作简单，使用方便，适合短距离运输。

本书着重介绍手动液压托盘搬运车，见图 12-1。

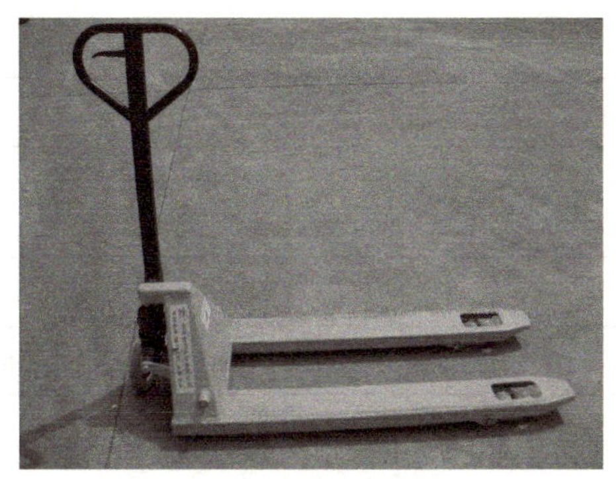

图 12-1　手动液压托盘搬运车

二、手动液压托盘搬运车的适用范围

手动液压托盘搬运车因适用场合不同，可分为多种类型。下面介绍几种类型手动液压托盘搬运车的适用范围。

1．低放型手动液压搬运车

低放型手动液压搬运车适用于托盘低矮、空间狭窄的工作场合。

2．不锈钢手动液压搬运车

不锈钢手动液压搬运车的液压缸、车架、轴承、销子、螺栓等均由不锈钢材料制造，广泛适用于肉制品加工行业、食品加工行业、奶制品行业等。

3．镀锌手动液压搬运车

镀锌手动液压搬运车液压缸采用防漏设计，车架、手把、液压缸等裸露在外部的零件，全部经过镀锌处理，配置不锈钢轴承、耐磨尼龙轮，耐腐能力强。它适用于冷库及洁净度要求比较高的场合，如肉类加工、奶制品加工、食品加工行业等。

4．纸筒型手动液压托盘搬运车

纸筒型手动液压托盘搬运车适用于造纸、包装印刷、纺织等需要搬运圆柱形货物的行业。

5．电子称重型手动液压搬运车

电子称重型手动液压搬运车可进行搬运和称重同时作业，特别适用铁路、公路、商贸、工矿等物流作业中的货物的称量。它具有专用传感器、专用称重仪表、置零、去皮、累计等功能。它表面采用除尘喷塑处理，具有防腐、防锈等特点。

6．5 吨重型手动液压托盘搬运车

5 吨重型手动液压托盘搬运车采用 8mm 优质钢板精心打造，配置有高品质的重载型液压缸和钢制车轮，可靠耐用。它适用于缺乏叉车或叉车无法进入的场合。

三、液压托盘搬运车有哪些技术参数

液压托盘搬运车的技术参数（见表 12-1）是用来说明和反映叉车的结构特性和工作性能的。

表 12-1　液压托盘搬运车的技术参数

常见参数	类　别	含　义	举例：西林
性能参数	额定载荷 /kg	货物重心位于货叉中心距范围以内时，允许托盘搬运车举起的最大货物	2 000
	最高高度 /mm	货叉满载起升至最大位置，从叉面至地面的垂直距离	200
	最低高度 /mm	货叉空载降落至最小位置，从叉面至地面的垂直距离	85
	货叉长度 /mm	货叉尖顶至斜面角的水平距离	900
	货叉宽度 /mm	两条货叉最外缘的距离	520
	叉轮直径 /mm	货叉尖顶下方的叉轮直径	80
	转向轮直径 /mm	货叉尾部下方的转向叉轮直径	200
	自重 /kg	空载时，液压托盘搬运车的重量	75

小贴士

从全球经济走势看中国叉车行业

叉车在企业的物流系统中扮演着非常重要的角色，是物料搬运设备中的主力军。随着市场经济的发展，物流技术在经济发展中的地位与作用越来越明显，叉车普及率越来越高，已从过去单一的港口码头进入到国民经济的各行各业，广泛应用于车站、港口、机场、工厂、仓库等国民经济各部门，是机械化装卸、堆垛和短距离运输的高效设备。

中国从 20 世纪 50 年代初开始制造叉车。特别是随着中国经济的快速发展，大部分企业的物料搬运已经脱离了原始的人工搬运，取而代之的是以叉车为主的机械化搬运。因此，在过去的几年中，中国叉车市场的需求量每年都以两位数的速度增长。

然而，受全球经济低迷影响，2009 年年初以来，叉车的同比降幅超过 30%，是所有工程机械行业中势头最差的一个子行业，出口也非常低迷，维持了超过 50% 的同比降幅。中国工程机械信息网行业分析师认为，与其他工程机械不同，叉车与固定资产投资的直接相关性较小，直接反映宏观经济的冷暖，因此单纯政府投资的大规模基建项目对其拉动有限，其复苏滞后于其他工程机械产品。而 6 月份叉车出现环比的大幅上涨，23% 的涨幅仅次于三月份的季节性恢复，与全社会货运量环比正增长相匹配，是下游微观经济层面回暖的积极信号。

任务实施

第一步骤：确认作业书

1. 全班分为四组，选出组长
2. 组长组织组员进行相应的作业操作

3. 组长对组员表现给予简要评价、打分

4. 各组交叉评价，选出优胜组

第二步骤：教师对学生的表现进行点评，并对知识内容进行总结

表 12-2　手动液压托盘搬运车结构识别作业单

手动液压托盘搬运车结构识别作业单				
班级：		姓名：		学号：
工作场所：		日期：		组别：
小组成员：				
设备状况：（有无故障、如何解决）				
设计要求（教师给出设计要求）：通过观察，填写零部件识别表。				
序　号	内　容	作　用	得　分	备　注
1				
2				
3				
4				
讨论与总结：液压托盘搬运车叉车由哪几部分组成？各有什么作用？				
设计方案：（学生给出设计方案）				
学生自评：				
教师点评：				
改进方案：				
成　绩：				

表 12-3　手动液压托盘搬运车技术参数表

型　号	额定载荷 / kg	最高高度 / mm	最低高度 / mm	货叉长度 / mm	货叉宽度 / mm	前轮直径 / mm	后轮直径 / mm	自重 /kg

任务巩固

1. 经过以上训练，重新陈述液压托盘搬运车的主要技术参数。

2. 书面作业：通过社会调查或网上查找相关资料，列举你所在地某一家叉车经营公司，介绍它所经营的液压托盘搬运车。

任务二　使用与维护液压托盘搬运车

任务描述

作业一

利用手动液压托盘搬运车叉取托盘，运至指定目的地（见图 12-2）。

步骤说明：（第一位同学）

（1）从①处，获取手动液压托盘搬运车（设备起始状态：手柄与货叉成垂直状态）。

（2）在②处，叉取托盘。

（3）利用手动液压托盘搬运车将托盘搬运至④处。

（4）手动液压托盘搬运车回至③处。

（第二位同学，反过来操作，如此反复）

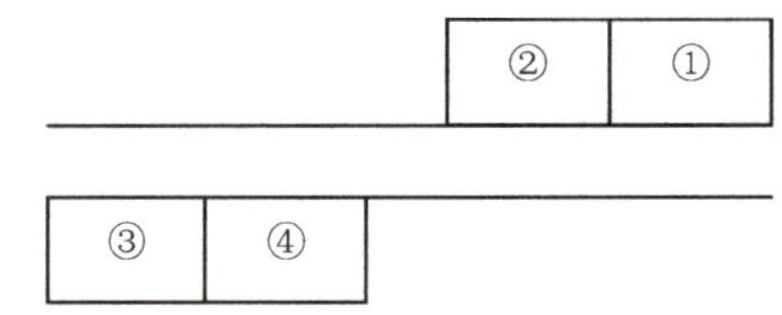

图 12-2　手动液压托盘搬运车叉取托盘作业图

作业二

手动液压托盘搬运车顺时针循环操作，其作业图见图 12-3。

步骤说明：

（1）①②③处分别有一辆手动液压托盘搬运车，一个托盘。三位同学分别立于此处。

（2）三位同学同时启动，提升托盘，①运至②处降下，②运至③降下，③运至①处降下，如此往复。

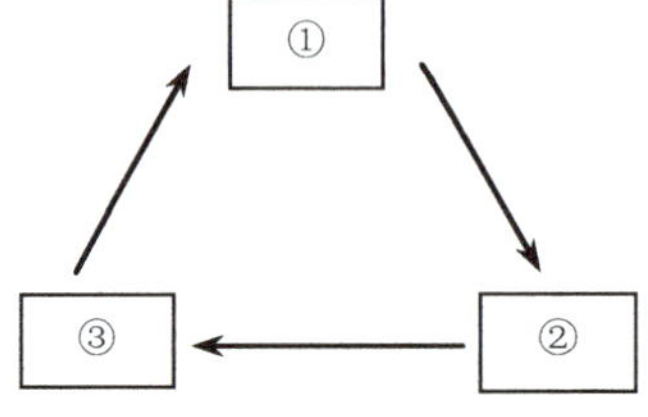

图 12-3　手动液压托盘搬运车顺时针循环作业图

作业三

在U形通道内，手动液压托盘搬运车运送托盘至指定目的位置（见图12-4）。

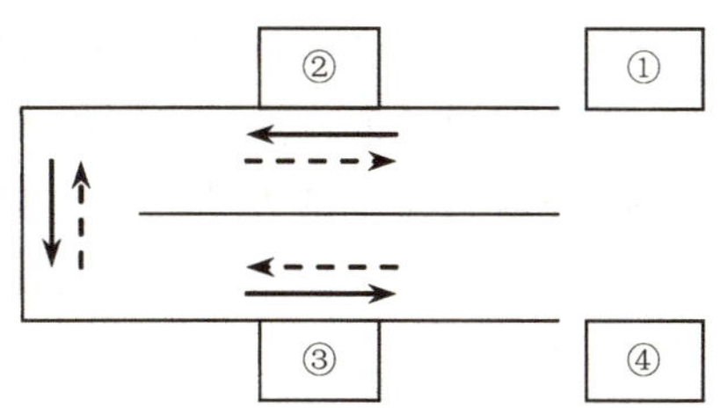

图12-4 手动液压托盘搬运车运送托盘作业图

步骤说明：（U形通道：由彩色水瓶子组成）

（1）①处放置一辆手动液压托盘搬运车，②处放置一个托盘。

（2）第一位同学从①处取手动液压托盘搬运车（设备起始状态：手柄与货叉成垂直状态）。

（3）手动液压托盘搬运车行驶至②处，叉取托盘。

（4）利用手动液压托盘搬运车，将托盘运至③处，卸下。

（5）手动液压托盘搬运车驶回至④处。

（第二位同学，反过来操作，如此反复）

依据熟练程度，可在托盘上增加一水杯，运行过程中，水杯内水漾出不允许超过1/3的水量。

知识准备

一、如何操作手动液压托盘搬运车

1．使用注意事项

（1）起动。

1）检查捏手是否正常。

2）检查液压托盘搬运车的液压状况，升降是否完好。

（2）作业。

1）货叉在进入托盘插孔时，不允许碰撞托盘，并保证货叉进入托盘后，托盘均匀分布在货叉上，否则运行时易引起侧翻。

2）抬升托盘。将托盘搬运车捏手下压至上升挡，手柄上下往复，至托盘离地20～30cm即可。将捏手回至空挡。

3）载物起步时，应先确认所载货物平稳可靠。起步时须缓慢平稳起步。

4）运行过程中，不允许与其他设备或物品产生任何碰撞。

5）货物搬运至目的位置时，将捏手提升至下降挡，货叉降至最低时，方可拉出液压托盘搬运车。

（3）停止。

1）停车时，手柄应与货叉垂直。

2）保证货叉已降至最低位置。

3）不允许将液压托盘搬运车停出设备指定区域外。

2．安全指南

（1）使用液压托盘搬运车之前，操作者须认真阅读该车说明书及车体上标明的注意事项。

（2）拉动搬运车时，通常将指状手柄扳到中间位置。这样既易于移动手柄，又减轻了小活塞手柄的反弹力，同时也保护了液体的密封及活塞组件，延长搬运车的使用寿命。

（3）未经过培训的未熟练操作人员禁止操作。

（4）使用之前一定要对搬运车进行检查，对轮子、手柄、叉架及摇杆片要特别注意。

（5）不要在倾斜的地面上使用。

（6）叉架上不应载人。

（7）在起升货物及运输过程中，所有相关人员应至少离叉架 600mm。

（8）应注意重物的重心，避免偏载或倾斜。

（9）不要超载。

（10）在其他不能得到保护的特殊情况下和特殊地点，操作者应谨慎操作。

二、如何保养与维护手动液压托盘搬运车

（1）加油。每月检查一次油量。建议使用液压油：气动专用油（透平 1 号）（ISOVG32），在 40℃时它的运动粘度为 32cSt（运动粘度单位为斯托古斯 St，1St=$10^{-4}m^2/s$），总量大约为 0.3L。

（2）排气。由于运输或泵体的倒置，空气很可能会进入液压泵中，这将会导致在上升位置打压时，货压不上升。可按以下的方法排气：把指状手柄扳到下降位置，上下往复运动数次。

（3）日常检查与维修。日常检修是必不可少的，应重点检修轮子、芯轴线和破布等。当搬运完毕后，应卸下货叉上的物品，并将叉架降到最低位置。

（4）润滑油。在工厂里，所有的轴承及轴已被加上了长寿命的润滑油，检查人员只需在每月的间歇或每次彻底检查时，往所有的运动部件加入润滑油。

任务实施

第一步骤：确认作业书

1. 全班分为四组，选出组长
2. 组长组织组员进行相应的作业操作
3. 组长对组员表现给予简要评价、打分
4. 各组交叉评价，选出优胜组

第二步骤：教师对学生的表现进行点评，并对知识内容进行总结

任务巩固

在老师指导下，于校内组织一次手动液压托盘搬运车操作竞赛，线路自定，如走迷宫。

考核与评价

项目实施评价表

考核项目	考核要求	配分	评分标准	得分		备注
				自评	师评	
类型识别	指出手动液压托盘搬运车的常见性能参数	15	每少一个性能参数，扣5分			
结构识别	1. 依据教师任意指出的4个叉车部位，说出该部位的名称 2. 简要说出该部位的作用	35	1. 名称：只指出1个部位的名称，扣10分，只指出2个，扣5分，只指出3个，扣2.5分 2. 作用：只指出1个部位的作用，扣10分，只指出2个，扣5分，只指出3个，扣2.5分			
驾驶操作	1. 利用手动液压托盘搬运车叉取托盘 2. 正确提升手动液压托盘搬运车货叉 3. 正确的行进方法 4. 手动液压托盘搬运车转向操作方法 5. 正确复位手动液压托盘搬运车	50	1. 不能正确操作任一步骤扣5分 2. 超出指定区域一处扣2分			
安全规范	自觉遵守安全文明驾驶规程		1. 每违反一项规定，扣3分 2. 发生安全事故，0分处理			
时间	30min		提前正确完成，每5min加2分 超过定额时间，每5min扣2分			
开始时间：		结束时间：		实际时间：		

模块五

其他仓储设备

项目十三　了解包装设备

学习目标

1. 初识包装设备的分类、特点、作用和发展方向
2. 掌握灌装机和捆扎机的使用和维护方法
3. 把握三种常用包装设备的故障解决
4. 熟悉几种典型的自动包装线

项目概述

在市场竞争日益激烈的今天，包装的作用与重要性日益被厂商所关注。如何让自己的产品畅销，如何让自己的产品从琳琅满目的货架中脱颖而出，只靠产品自身的质量与广告的宣传是远远不够的，还需对产品进行精美的包装。可见，包装是产品进入流通领域的必要条件。而实现包装的主要手段是使用包装设备，因此包装设备在物流过程中起着相当重要的作用。本项目主要讲述包装设备的相关知识，大家通过完成三个任务来初学包装设备的常识，掌握五种常用包装设备的使用和维护方法，加深对包装设备的了解，以完善对仓储设备的认识。

任务一　认识包装设备

任务描述

某物流包装设备公司的业务员高某，为了推销自己公司的包装设备，将目标瞄准该地区的一个经济工业区。该工业区涉及食品、轻工、医药、化工、电子等行业，其生产过程涉及各种产品的包装，运用到各种包装设备。因此他准备深入各个企业，推销自己的产品。

当高某来到一食品企业时，正值该企业厂长在开部门负责人会议，于是办公室一工作人员接待了他。在等待的过程中，该工作人员想初步了解一下高某所在设备公司的情况，于是他向高某提出了几个问题。

问题一

目前包装设备有哪几种类型？

问题二

以贵公司的某种包装设备为例，请你谈谈该设备在生产营销中的作用有哪些？

问题三

行业快速发展，设备更新速度加快，你认为哪种新型的设备更有利于我们企业的长远发展？

知识准备

一、什么是包装设备

包装过程包括充填、裹包、封口等主要包装工序，以及与其相关的前后工序，如清洗、干燥、杀菌、堆码及拆卸等，也包括打印、贴标、计量等辅助工序。完成这些工序所需要的设备即为包装设备。

二、包装设备有哪些类型

包装设备种类繁多，从不同角度考虑可有不同的分类方法。以下重点介绍按包装设备的功能分类：

1. 固体充填设备

固体充填设备是指将固体物料按预定量充填到包装容器内的机器。固体充填设备按计量方式不同可分为容积式充填机、称重式充填机和计数式充填机。

2. 液体灌装设备

液体灌装设备是指将液体产品按规定的量充填到包装容器内的机器。液体灌装设备按灌装原理可分为常压灌装机、负压灌装机和等压灌装机。

3. 封口设备

封口设备是指将容器的开口部分封闭起来的机器。封口设备按其封口方式可分为无封口材料封口机和有辅助封口材料封口机。

4. 贴标设备

贴标设备是指在产品或包装件上加贴标签的设备，有半自动贴标机和全自动贴标机。

5. 裹包设备（又称缠绕机）

裹包是用一层或多层柔性材料全部或局部裹包产品或包装件。裹包设备按裹包方式可分为全裹式裹包机、半裹式裹包机、缠绕式裹包机、拉伸式裹包机、贴体裹包机和收缩裹包机。

6. 清洗设备与干燥技术设备

清洗设备是清洗包装材料和包装件等，使其达到预期清洗程度的机器。清洗设备按清洗方式不同可分为机械式、电解式、化学式、干式、湿式、超声波式和静电式。干燥技术设备是减少包装材料和包装件的水分，使其达到预期干燥程度的机器。干燥技术设备按干燥方式分为加热式干燥机和化学式干燥机等。

7. 杀菌设备

杀菌设备是用于清除或杀死包装材料、产品或包装件上的微生物，使其降到允许范围内的机械。杀菌设备有热杀菌法和冷杀菌法两种方式。

8. 捆扎设备

捆扎设备是指用于捆扎或结扎封闭包装容器的设备。

三、包装设备有哪些特点

包装设备多属于自动机，既具有一般自动机的共性，也具有其自身的特性。包装设备的主要特点有：

1．通用性高

包装设备是特殊类型的专用机械，种类繁多。为便于制造和维修，减少设备投资，所以包装设备开发商在设计时很注意通用性及多功能性。

2．对零部件要求高

大多数包装设备结构复杂、运动速度快、动作精度高。为满足性能要求，对零部件的刚度和表面质量等都有较高的要求。

3．制作材料特殊

因包装物的不同，包装设备的制作材料也有特殊的要求。比如，用于食品和药品的包装设备要便于清洗，与食品和药品接触的部位要用不锈钢或经化学处理的无毒材料制成。

4．灵活可调

影响包装质量的因素很多，诸如包装设备的工作状态（机构的运动状态、工作环境的温度和湿度等）、包装材料和包装物的质量等。所以，为便于机器的调整，满足质量和生产能力的需要，往往把包装设备设计成无级可调的，即采用无级变速装置，某些零件还设计成可以调整的。

5．电动机功率较小

包装作业时的用力一般都较小，所以包装机的电动机功率较小。

四、包装设备有什么作用

包装设备为包装业提供重要的技术保障，对现代物流业的发展起着重要的作用。其主要作用如下：

1．能大幅度提高生产效率，加快产品的不断更新

包装设备的生产能力一般比手工包装提高十几倍，甚至几十倍，无疑对产品的包装款式更新起着举足轻重的作用。例如，啤酒灌装机的生产能力可达 120 000 瓶 /h；袋装机小袋包装大都在 60 ～ 120 袋 /s，中袋包装 35 ～ 60 袋 /s；国外包装设备的包装速度小袋已达到 1 200 袋 /s，中袋 160 袋 /s。这些都是手工作业无法比拟的。

2．降低劳动强度，改善劳动条件

包装设备能将工人从紧张、繁重的重复劳动中解放出来，而且可以避免和减少有剧毒、刺激性的、腐蚀性的、低温、潮湿、粉尘等恶劣条件对工人的身体造成影响，大大改善劳动条件。

3．提高被包装产品的卫生条件，增强市场销售的竞争力

类似药品、食品等卫生条件要求很严格的产品，采用包装设备避免了人与产品的直接接触，减少了对产品的污染；同时由于采用包装设备包装速度快，产品在空气中停留时间短，从而减少了对产品的污染机会，有利于提高产品的卫生条件。

另外，由于采用包装设备包装的计量精度高，产品的外形美观、整齐、统一、封口严密，从而提高了产品包装的质量，提高了产品市场销售的竞争能力，可获得较高的经济效益。

4. 能节约材料，降低成本，保护环境

有些粉末、液体物料在手工包装过程中容易发生逸散、起泡、飞溅现象，采用包装设备包装能防止产品的散失，既保护了环境，又节约了原材料，降低了成本。

5. 延长产品的保质期，方便产品的流通

采用真空、充气、无菌等机械包装，可使食品、饮料等延长保质期，并使产品流通销售范围更加扩大。

6. 可减少包装场地面积，节约基建投资

完成同样的包装量，若采用手工包装，因工序不紧凑，需要更多的包装工人，占用更多的作业面积，投入更多的基建资金；若采用包装设备包装，产品和包装材料的供给比较集中，各包装工序安排紧凑，有的可采用立体作业，因而减少了包装的占地面积，节约基建投资。

五、包装设备的发展方向如何

1. 国外包装设备的概况

美国、日本、德国、意大利是世界上包装设备四大强国。

美国是世界上包装设备发展历史较长的国家。从 20 世纪 90 年代起，美国始终保持着世界最大包装设备生产和消费大国的地位。其产品以高、大、精、尖产品居多，设备与计算机紧密结合，实现机电一体化控制。新型设备中以成型、充填、封口三种设备的增长最快，裹包机和薄膜包装机占整个市场份额的 15%，纸盒封盒包装机在市场占有率中居第二位。

日本的包装设备制造厂以中小企业为主，包装设备以中小型单机为主，具有体积小、精密度高、易安装、操作方便、自动化程度高等优点。20 世纪 90 年代以来，已将变频调整、光电追踪、无触点电子开关、动态数据显示等技术运用在包装设备中。日本的包装设备很大部分用于食品包装领域，食品包装设备产值占包装设备总产值的一半以上。

德国是世界上最大的包装设备出口国。德国的包装设备在计量、制造、技术性能等方面居领先地位，特别以啤酒、饮料灌装设备具有高速、成套、自动化程度高、可靠性好等特点而享誉全球。一些大公司生产的包装设备集机、电、仪及微型计算机控制于一体，采用光电感应，以光标控制，并配有防静电装置。

意大利是仅次于德国的第二大包装设备出口国。意大利的包装设备多用于食品工业，具有性能优良、外观考究、价格便宜等特点，出口比例占 80% 左右，美国是其最大的出口市场。

2. 国内包装设备发展方向

据有关专家分析，我国包装设备主要门类产品发展趋向如下：

（1）袋成型、充填、封口设备发展系列化。采用先进技术提高速度，尽快开发性能可靠、高水平的集包装袋成型、充填和封口等工序为一体的配套自动包装设备。

（2）液体灌装流水线。开发适用于 10 万 t/ 年以上大型啤酒、饮料灌装流水线，使灌装、压盖、贴标、捆扎、集装等工序集为一体，使生产更加高速、低耗、计量精确。

（3）裹包设备。提高产品的可靠性和操作安全性；除塑料薄膜裹包设备外，还要开发折纸裹包设备；大力发展与裹包设备配套的各种辅助装置，以扩大主机功能应用面。

（4）捆扎包装设备。发展多种多样的捆扎设备；重点开发小型台式和大型塑料带捆扎设备和重物（如钢材）的自动连续钢带捆扎机，开发小型纸带捆扎机，提高果蔬、日用百货、工业材料包装自动化水平。

（5）无菌包装设备。缩短与国际先进水平的差距，提高速度，完善性能；发展大袋无菌包装技术和设备；研制半液体无菌包装设备，使无菌包装设备产品系列化；发展杯式无菌小包装设备，以填补国内空白。

（6）环保包装设备。开发各种小包装用纸袋的生产设备和以纸基材为包装材料（容器）的包装设备，以适应环境保护的要求；推广和完善蜂窝纸板制造技术，加快产品包装以纸代木；推广和完善纸浆模塑制造技术，扩大应用面，如向电子产品包装发展。

（7）真空、换气包装设备。发展适用于袋容量较大（最大可达 $1m^2$）的连续或半连续真空包装设备和将所需气体按比例充入袋内的高速换气包装设备。

（8）瓦楞纸板（箱）生产设备。发展宽幅（2m 以上）、高速成套设备；在中轻型设备上注重成套性；拓展计算机技术的应用深度和广度，重在提高性能，提高可靠性。

小贴士

中国国际食品加工和包装机械展

中国国际食品加工和包装机械展，即 CHINA FOODTECH 展，逢单年在北京召开。首次举办于 1989 年，经历 20 余个春秋的发展，到 2010 年止，已成功举办 11 届。目前已成为中国市场服务的重要专业展，是国内展出规模最大，专业观众最多，最具影响力的展会，多次得到党和国家领导人的亲临参观指导，展出面积由 1989 年的 5 000m^2 扩展到 20 000 余 m^2，是同行业中中外厂商的首选参展展会。

CHINA FOODTECH 展每届都有来自十多个国家和地区的近百家外商参展，也一直都得到各国同行业协会的关注和支持，展会中意大利自动包装机械制造厂协会（UCIMA）、意大利通用机械工业协会联合会（ANIMA）、英国加工与包装机械协会（PPMA）、德国食品加工和包装机械协会（VDMA）、美国包装机械制造商协会（PMMI）、韩国包装机械协会（KPMA）、日本食品机械工业会、荷兰食品加工与包装机械制造商协会都组团参展。他们在把本国企业引入中国市场的同时也密切关注着中国同行的发展动态。CHINA FOODTECH 展就是一个方便、有效的交流平台，供业内人士加强沟通，促进产业发展。

任务实施

根据已学知识，借助网络，查询包装设备的相关知识，并找到设备的具体图片。

第一步骤：教师下达任务书

第二步骤：四人一小组，分工查找资料

第三步骤：成果展示，每一组派一名代表将小组完成的结果向大家展示，建议借助多

媒体演示各种设备的图片，说出设备名称，以此来掌握包装设备的类型，同时介绍该设备的作用

第四步骤：教师对学生的表现进行点评，并对知识内容进行总结

任务巩固

就近选择一食品生产企业，列举出该企业三种以上包装设备，并辨别它属于包装设备的哪种类型，同时说说运用这些设备有何作用，并通过调研或网络查询，了解该设备最新的发展方向，完成表 13-1 的填写。

表 13-1　初识包装设备登记表

参观企业名称		参观人员	
企业地址		参观时间	
包装设备的名称	归属类别	作用	发展方向

任务二　使用与维护灌装机和捆扎机

任务描述

业务员高某在深入某经济工业区调查和摸底后，他发现该工业区食品工业及日化工业发展迅速，而与之相配套的包装设备的需求量也将出现一次快速的增长。于是，他将企业最常用的两类包装设备灌装机和捆扎机作为推广的突破口。

高某来到了一家乳制品厂，该厂主要生产各类瓶装的牛奶。你帮高某出出主意，他向该厂具体推销哪种灌装机比较好？

当他在向该厂车间主任推销灌装机时，一名打包工人上来反映捆扎机搬到新车间后不能正常使用，如果不及时解决会影响出货远销。于是，车间主任请高某帮忙，高某该如何解决呢？

知识准备

一、灌装机

灌装机（见图 13-1）是将液体产品按预定量充填到包装容器内的机器。

图 13-1 灌装机

1. 灌装机有哪些类型

液体灌装机按灌装原理可分为常压灌装机、负压罐装机、等压灌装机和加压灌装机。

（1）常压灌装机。常压灌装机是指在常压下将液体物料充填到包装容器内的机器。它只适宜灌装低粘度不含气体的液体物料，如牛奶、酱油及日化类产品，能适应由各种材料制成的包装容器，如玻璃瓶、塑料瓶、金属易拉罐、塑料袋及金属桶等。常压灌装机容积定量，用重力灌装，物料损失小。液态奶无菌枕高速灌装机（见图 13-2），属于常压灌装机。

（2）负压灌装机。负压灌装机是指先对包装容器抽气形成负压，然后将液体充填到包装容器内的机器。负压灌装时的真空度调节要适当，因为真空度过高可能造成软包装（如塑料瓶）变形；真空度过低，灌装阀口和排气管管壁的液体和气泡就不能被吸回，造成液料滴漏。负压灌装机灌装速度高，能减少液料与容器内残存空气的接触和作用，有利于延长某些液体产品的保质期，适用于流动性好的不含气液体的灌装，如含维生素的饮料、有毒农药和化工试剂等。卧式膏液两用灌装机（见图 13-3），属于负压灌装机。

图 13-2 液态奶无菌枕高速灌装机

图 13-3 卧式膏液两用灌装机

（3）等压灌装机。等压灌装机是指先向包装容器充气，使其内部的气体压力和储液缸内的气体压力相等，然后将液体充填到包装容器内的机器。它主要用于汽水、可乐、汽酒等含汽饮料的罐装。常见的等压灌装机有碳酸饮料灌装机（见图 13-4）。

（4）加压灌装机。加压灌装最常用的形式是产品被加压，并且溢流槽与大气相通。加压灌装机主要用于不含气饮料（如矿泉水和纯净水）、调味品、农药及一些低黏度液体的塑料瓶包装。它主要采用满口灌装法，即由伸入瓶口的阀管的体积来控制液位，其液面精度较高；输瓶、冲瓶、灌瓶及封口均采用卡瓶颈作业，不受容器大小或容器形状限制，即对瓶子的质量（尤其是瓶壁的薄厚）要求不高且灌装速度较快，所以很适合大型水饮料生产。常见的加压灌装机有全自动桶装灌装机（见图 13-5）。

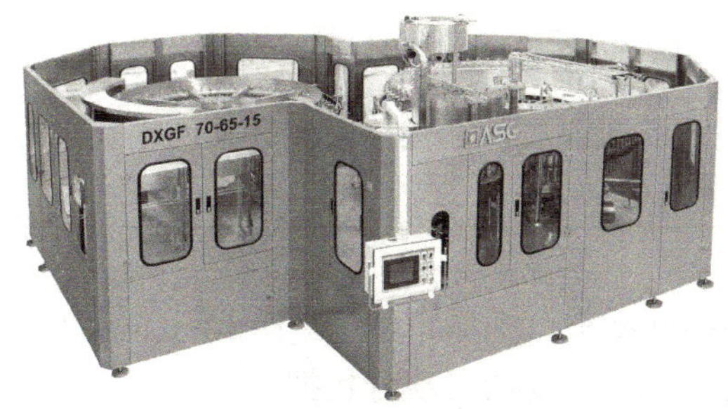

图 13-4　碳酸饮料灌装机

图 13-5　全自动桶装灌装机

2. 灌装机如何作业

液体灌装机的流程基本相似，现以称重式灌装机为例加以说明：

（1）打开灌装机总电源，启动灌装秤仪表工作。

（2）操作工人将灌装桶移到灌装秤台上，通过标准装置对准桶口，用手按下启动按钮开关，灌装秤枪头自动下降后开始灌装。

（3）灌装机控制器发出灌装信号，灌装枪阀门打开，物料快速流入灌装桶，开始快加料过程。

（4）当灌装机灌装量达到大提前量时，灌装秤控制器发出慢速进料信号，关闭灌装秤快加料阀门，打开慢加料阀门。这时物料以较小的流量流入灌装桶。

（5）当灌装机灌装量达到小提前量时，灌装秤控制器发出停止信号，灌装秤枪口阀门全部关闭，灌装枪自动抬升至灌装秤顶端。

（6）灌装机控制器在确认灌装重量在控制精度范围内后，退出本次灌装程序，准备下次灌装。工人将灌装好的料桶通过滚道移走，本次灌装结束。

3. 液体灌装机如何安装、使用和保养

（1）机器的安装注意事项。

1）机器开箱后，首先检查随机技术资料是否齐全，机器在运输中是否损坏，以便及时解决。

2）将进料组件及出料组件按说明书中的外形图示安装并调节。

3）给各润滑点加新润滑油。

4）用摇手柄转动机器，检查机器运转方向是否正确（面对电动机主轴为逆时针方向）。

（2）机器的使用和保养。

1）要求灌装容器、封盖尺寸统一，便于灌装机自动化操作。

2）开机前必须先用摇手柄转动机器，察看其转动是否有异常，确实判明正常方可开机。

3）调整机器时，工具要使用适当，严禁用过大的工具或用力过猛来拆零件以免损坏机件或影响机器性能。

4）每当机器进行调整后，一定要将松过的螺钉紧好，用摇手柄转动机器察看其动作是否符合要求后，方可开机。

5）机器必须保持清洁，严禁机器上有油污、药液或玻璃碎屑，以免造成机器损蚀，所以必须注意以下方面：①机器在生产过程中，及时清除药液或玻璃碎屑；②交班前应将机器表面各部清洁一次，并在各活动部门加上清洁的润滑油；③每周应大擦洗一次，特别将平常使用中不容易清洁到的地方擦净或用压缩空气吹净。

二、捆扎机

1. 什么是捆扎机

捆扎机又称打包机，是使用捆扎带缠绕产品或包装件，然后收紧并将两端通过热效应熔融或使用包扣等材料连接的机器。它是包装的最后一道工序。

2. 常见捆扎机有哪些

（1）DBA-200 型全自动捆扎机。DBA-200 型全自动捆扎机（见图 13-6）用于食品、医药、五金等行业纸箱打包、纸张打包等各种大小货物的自动打包捆扎。

（2）半自动捆扎机。半自动捆扎机（见图 13-7）是以聚乙烯塑料带为捆扎材料，主要用于商业、邮政、铁路、银行、食品、医药、书刊发行等行业的纸箱、木箱、纸包件、柳编箱、布包件的包装捆扎。

图 13-6　DBA-200 型全自动捆扎机

图 13-7　半自动捆扎机

（3）钢筋捆扎机。钢筋捆扎机（见图 13-8）是一种智能化工具，内置微控制器，能自动完成钢筋捆扎所有步骤，可广泛用于建筑工程领域，以代替人工捆扎钢筋。

图 13-8　钢筋捆扎机

3. 如何使用捆扎机

（1）使用前的调试。

1）运转前的检查：①检查外电源是否符合机器的电源要求；②检查电动机及电气设备是否干燥，绝缘是否良好；③检查无人化打包机紧固体有无松动；④向减速器加注液体润滑油，观察油路是否畅通。

2）检查后的空运转。电源接通后，按下“开机”按钮，连续空运转，检查接近开关的位置是否正确：①当两个接近开关感应到送带探头时，主电动机起动，机器开始送带；②当两个接近开关感应到退带探头时，主电动机停转，退带电动机起动，机器开始退带；③当两个接近开关感应到停机探头时，主电动机停转。

（2）具体的操作步骤。

1）接通电源：把电源插头接上电源，按下开关，指示灯亮。

2）预热烫头：把温度调到所需温度，预热 1min，若缩短预热时间，可按下快速加热按钮约 5s。

3）调节长度：选择送带定时时间（送带长度控制），时间调节范围 0 ～ 6s，根据包件大小，调节所需的传送长度。

4）开动电动机：合上开关，电动机起动，若 30s 内不捆扎，电动机自动停止，按下送带或退带按钮，可重新转动。

5）包件定位：把包件放在机器工作台上，用手抓住带头绕过包件，插进“带子入口”。

6）捆扎货物：带头进入“带子入口”后，触动微动开关，机器便自动压住带头，完成退带、拉紧、切带、烫带、复原等动作，然后自动送出一定长度的带子。此时便完成一次捆扎的全过程。

7）送带及复位：如送出带子不够可按下送带按钮。

8）退带及复位：按退带按钮，带子退出机器，机器自动复位。

9）关机：每次用完后，应关上电源开关或电动机开关。

（3）捆扎机使用注意事项。

1）操作变频器前务必详细阅读随机的变频使用手册。

2）禁止测试直流电动机控制板以及 PLC 输入点与地线之间的电压。

3）捆扎机正常使用时，定期检查机器各个连接部分是否松动或脱落，如有务必紧固。

4）严禁移动或拆除上下固定限位块。

5）捆扎机转盘应按顺时针方向运转。

6）薄膜系统下面严禁站人或堆放任何物体。

7）严禁在运行过程中将手伸入链条附近进行维修或检查，或进行其他操作，防止伤手。

8）捆扎机运转时，操作者应站在离转盘一定距离的安全地方，在机器一个工作过程完成停止时再靠近机器以防货散伤人。如有必要，应安装安全隔离网（自备或另外定做）。

9）捆扎机搬离原位置时应由专业人员重新安装和测试机器，确定安全后再使用。

小贴士

包装设备行业前景看好

中国投资咨询顾问公司的分析报告显示：2008 年中国食品及包装机械行业销售产值达 1 262.00 亿元。其中，食品机械产品销售收入为 620.66 亿元，比 2007 年增长 23.28%；包装机械产品销售收入为 641.34 亿元，比 2007 年增长 32.59%。2009 年 1 ～ 5 月份，中国食品和包装机械制造行业销售产值 232.64 亿元，比 2008 年同期增长 7.36%。预计从 2011 年到 2015 年，食品与包装机械业总产值有望突破 6000 亿元，每年平均增速约维持在 16% 的水平。

任务实施

1. 用画线的方式明确灌装机的类型，并以牛奶灌装机为例说明该类型灌装机的特点。

汽水灌装机　　　　　　　　　常压灌装机
桶装饮用水灌装机　　　　　　等压灌装机
牛奶灌装机　　　　　　　　　负压灌装机
医用盐水灌装机　　　　　　　加压灌装机

特点介绍（牛奶灌装机）：______________________________

____

2．判断下列灌装机和捆扎机的使用方法是否正确。

（1）灌装机安装时，要检查机器运转方向是否正确，一般以面对电动机主轴为顺时针方向为宜。

（2）灌装机属于自动化机器，因而只要灌装材料准备妥当，便可直接开机，正常使用。

（3）灌装机机器必须保持清洁，严禁机器上有油污、药液或玻璃碎屑，以免造成机器损蚀。

（4）捆扎机使用之前要先检查，检查一切妥当之后，便可马上送带进行捆扎了。

（5）捆扎机搬离原位置时应由专业人员重新安装和测试机器，确定安全后再使用。

3．记录高某的推销对象——某乳制品企业捆扎机使用中存在的问题、解决办法及使用注意事项（见表 13-2）。

表 13-2　某乳制品企业捆扎机使用记录

企业名称		捆扎机类型	
故障描述	解决办法	使用注意事项	

任务巩固

1．在教师指导下，完成半自动捆扎机的操作，并填写作业单（见表 13-3）。

表 13-3　半自动捆扎机操作作业单

半自动捆扎机操作作业单			
班级：	姓名：	学号：	
工作场所：	日期：	组别：	
小组其他成员：			
操作要求：2min 内完成 8 ～ 10 个不同大小的物品打包			
教师评价操作（10 分）			
评价内容	评价标准（10 分；附加 4 分）	得　分	改进意见
1．捆扎前的准备	打开电源，机器预热（1 分） 调节送带时间（1 分）		
2．捆扎流程规范	根据货物大小正确捆扎（3 分）		
3．捆扎速度	规定时间内捆扎 8 ～ 10 个（3 分） 规定时间内捆扎 5 ～ 7 个（2 分） 规定时间内捆扎 2 ～ 4 个（1 分）		
4．捆扎质量	捆扎带在货物包装袋的中间，且包装袋不变形（2 分）		
5．突发事件	如果机器出现故障，能及时处理（附加 4 分）		
学生自我评价：			
组员意见：			
改进方案：			

2. 学生熟练掌握捆扎机的操作和使用注意事项后，组织举行一次小型的捆扎机操作技能比赛。

任务三 解决三种常用包装设备的故障

任务描述

商品的包装已经成为提升商品附加值和企业品牌形象的有效手段，因而各大企业和厂家都比较重视包装设备的引进和更新。但令厂家头疼的是包装设备在生产运行中，会或多或少地出现故障，而高故障率会导致维修成本和使用成本增加，设备使用寿命缩短，投资价值降低，而且还会增加停机率，影响生产。然而，目前设备维修技工又非常缺乏。所以掌握一些常见故障的解决办法，可以赢得企业对高某的信任，提高高某推销时的底气。

根据一段时间的摸索，高某觉得以下几个常见故障的解决尤为重要：

（1）封口机封袋时虽能封上，但是物品在装箱和运输过程中，封口常出现开裂现象。

（2）贴标机出现翘标现象，严重影响包装效果。

（3）缠绕机转盘转不起来，不能正常缠绕包装物等。

你觉得高某能找到故障原因，并提供合理的解决方法吗？

知识准备

一、解决封口机的故障

1. 什么是封口机

封口机是指将产品盛装在包装容器内后，为了使产品得以密封保存，对容器进行封口的机械。容器封口能有效地保护产品，使产品在保质期内不因包装作业影响而损坏变质，还有利于包装产品的储存、运输及销售等。

2. 常见的封口机有哪些

（1）全自动不锈钢珍珠奶茶封口机。全自动不锈钢珍珠奶茶封口机（见图13-9）可使封杯及卷膜的运作过程在微型计算机控制下进行，只需简单的一拉一推，就可轻松完成；所选用的触点开关控制器，是采用日本生产的“欧姆龙”产品，灵敏度高，耐用安全，使封杯及卷膜过程精确无误；同时采用全不锈钢齿刀，一流的温控器及发热板，令用户永久放心使用。

（2）脚踏式塑料封口机。脚踏式塑料封口机（见图13-10）适用于各种塑料薄膜、复合薄膜及铝塑薄膜的封合；可广泛应用于食品、土特产、糖果、茶叶、医药、五金等行业，是商店、家庭、工厂使用方便、经济的封口设备。

（3）全自动袖口式封口机。全自动袖口式封口机（见图13-11）是具有自动输送、推进、封口、接热收缩等流程的全自动包装机。其控制机电合一，由PLC自动控制，可增加生产力，也可配合生产线计算机作业。

图 13-9　全自动不锈钢珍珠奶茶封口机

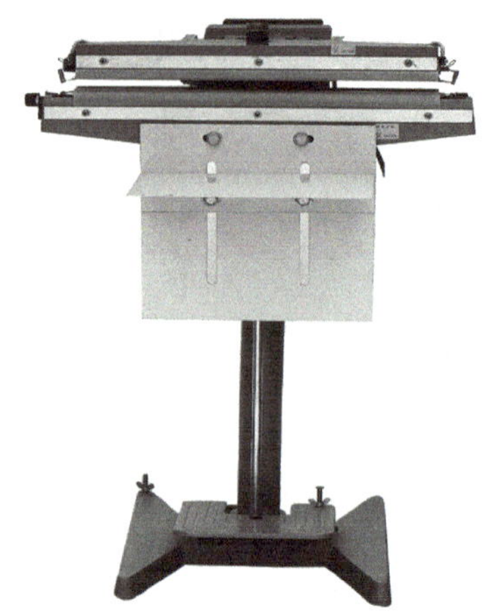

图 13-10　脚踏式塑料封口机

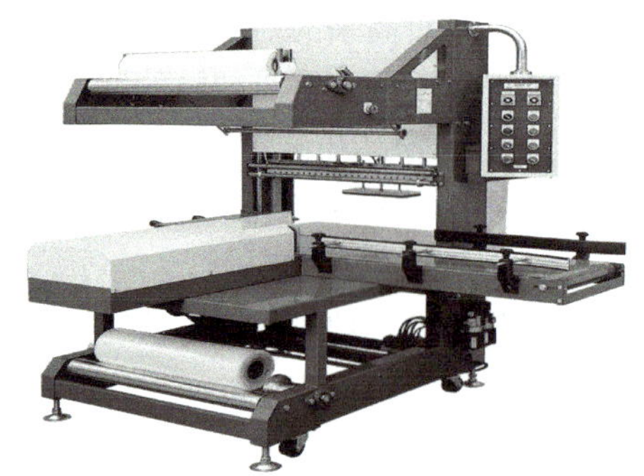

图 13-11　全自动袖口式封口机

3．如何解决封口机的故障

封口不牢是连续封口机的常见故障之一，封口不牢有两种类型：①包装袋封口处无法封上；②在封刀压力作用下，袋口虽封上了，但稍用力挤压或撕剥，封口便又开裂。这样的包装袋封口质量不合格，因为内容物在储运过程中经挤压很容易漏掉。这种情况在复合里料为邻苯基苯酚（O-phenylphenol，OPP）、吹塑聚乙烯（Polyethylene，PE）时常常出现。

造成第一种故障的原因主要有以下几种：

（1）热封温度不够。通常情况下，以 OPP 为里料的复合袋，当制袋总厚度为 80 ～ 90μm 时，热封温度要达到 170 ～ 180℃；以 PE 为里料的复合袋制袋总厚度为 85 ～ 100μm 时，温度宜控制在 180 ～ 200℃。只要制袋总厚度有所增加，热封温度就必须相应提高。

（2）热封速度过快。封不上口还与封口机速度快慢有关。如果速度过快，封口处还未来得及热化就被牵引辊传送至冷压处进行冷却处理了，自然达不到热封质量要求。如果速度过慢，就达不到热封的温度，无法正常进行热封。

（3）冷压胶轮压力不合适。冷压胶轮上下各有一个，它们之间的压力要适中，调节压力时只需夹紧弹簧即可。

（4）热封薄膜质量有问题。封口封不上还与热封薄膜质量有关。如果复合里料电晕处理不均匀，效果不好，并恰好出现在封口处，肯定无法封口。这种情况很少见，然而一旦出现，产品必然报废。所以在彩印包装行业，采取下道工序监督上道工序，一旦发现质量问题，必须及时分析起因并加以解决。

如果封口处有水分、脏污，也会造成封口不牢。

总之，解决第一种封合不牢问题，一般可适当提高热封温度，再降低热封速度，同时加大冷压胶轮的压力。

导致第二种封口不牢故障的原因主要有以下几点：

（1）热封温度不够。只需适当提高热封温度即可解决问题。

（2）热封刀的刀面不够平整。热封刀分上、下两片，通常热电偶装于其中，用来感应温度的传递情况。热封刀上有三个螺杆，中间的螺杆起支撑和加固刀片的作用，其他两个螺杆都配有压力弹簧（上、下刀片各有两个弹簧）及垫片，主要用于调节热封刀压力。造成热封刀刀面不平整的主要原因是中间螺杆装斜了，而不是水平的；或者是上热封刀的压力弹簧压力不均。解决方法是重新校正中间螺杆的位置，使其处于水平状态。如果上、下热封刀不平衡，则要通过调节压力弹簧来实现，调节到适中即可。让弹簧向外退时，热封刀将向下坠；将下刀片的弹簧向上施紧时，热封刀将向上移动。

二、贴标机翘标现象的解决方法

1．什么是贴标机

贴标机是指采用粘合剂或其他方式将标签粘贴在规定的包装容器上的设备。

2．常见的贴标机有哪些

（1）全自动直线式糨糊贴标机。全自动直线式糨糊贴标机（见图 13-12），一般适用于化工、制药、食品饮料等行业的圆形容器的双面贴标；采用触摸屏、人机界面及 PLC 控制系统；使用轻巧、故障少、噪声小，电动机负荷量低，占地面积小；可单独操作，也可设计成为转盘作业生产线。

（2）平面贴标机。平面贴标机（见图 13-13）特别适用于电子监控码标签的贴标，广泛应用于食品、化学、医疗、化妆品、电子类、五金、汽车零件、文具、电池、录音带、CD、纸箱、各式油品及其各种不用规格之包装物。

（3）油瓶贴标机。油瓶贴标机（见图 13-14）主要适用于食品、粮油等行业；其能在方形、圆形瓶状物料上快速自动贴标。例如，扁瓶贴标、方瓶贴标、与生产现场配套的食用油贴标等。它具有通用性好、高稳定、耐用等优点。

图 13-12　全自动直线式糨糊贴标机

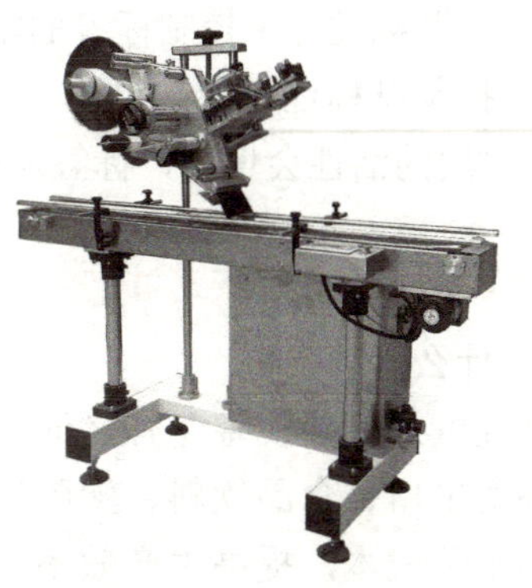

图 13-13　平面贴标机

图 13-14　油瓶贴标机

3. 如何解决贴标机翘标现象

贴标要达到完美的视觉效果，关键之一就是避免贴标过程中的翘标现象。正常情况下，产品是在管子未灌装之前贴标，贴好以后再进行灌装封尾，而封尾过程中的加热对标签的考验尤其严峻，标签距离底端越近，翘标的可能性就越大。实际应用中几乎每个厂家都有类似问题，解决的办法也多种多样。

（1）采用适合的材料。尽量采用柔软的标签材料，良好的标签延展性对翘标会有很大改善。

（2）改变标签的形状。将标签的底端做成弧形，尽量避开封尾变形区。当然圆弧不可以开得太深，否则由于标签本身的问题容易引起褶皱，增加不必要的麻烦。对于异型封尾则要求标签的形状要作相应改变，这样不但可以避免翘标，还可以增加美感。

（3）消除静电的影响。贴标过程容易产生静电，这对贴标效果会产生影响。适当提高贴标现场的湿度，会有一定改善；采用离子风机也是有效的解决办法；贴标机内部设有湿度自动控制，更可以单独控制设备内部的洁净度，让贴标远离灰尘，提高产品的贴标质量。

（4）增加标签的黏度。增加标签的粘度，尽量使标签粘贴牢固。要达到这个效果，需从以下几个方面加以考虑：

1）提高被贴软管的表面质量。大部分的产品表面有光油，会增加贴标的困难，内容物的渗出、管壁的微孔等都会造成标签的翘起。

2）在贴标过程中控制标签的贴标压力。

3）控制贴标过程中的温度。增加贴标温度，会改善贴标效果，因为随温度的升高，物体内部物质的活性会增加，标签才更容易与管身融合。

三、缠绕机常见故障及解决方法

1. 什么是缠绕机

缠绕机（包装设备专有名词）又叫裹包机，是包装设备中不可缺少的机械。它广泛使用于外贸出口、食品饮料、塑胶化工、玻璃陶瓷、机电铸件等行业。缠绕机的使用可降低产品的集装成本，提高生产效率，又能防止货物在搬运过程的损坏，并起到防尘、防潮及保洁作用。

2. 常见缠绕机有哪些

（1）自动缠绕机。自动缠绕机（见图 13-15）可对包装物进行各种工艺要求的缠绕包装作业，其主要性能如下：

1）膜架系统：预拉伸膜架，预拉伸可达 250%，自动送膜，直流调速系统控制薄膜张力。

2）升降立柱：滑轮轴承结构，升降速度变频可调。

3）转台功能：转盘缓起缓落，转台自动复位。

4）控制系统：PLC 控制，按钮式操作面板，简单明了。

（2）轮胎缠绕包装机。轮胎缠绕包装机（见图 13-16）是以拉伸膜或包装复合纸为包装材料，对各种环状物体进行个体包装的设备。其优点在于完全代替了手工缠绕包装，包装速度快，操作方便，大大提高了生产效率，减轻了工人的劳动强度。

图 13-15　自动缠绕机

图 13-16　轮胎缠绕包装机

（3）悬臂式自动缠绕机。悬臂式自动缠绕机（见图 13-17）的工作原理为：栈板输送至包装位置，自动上膜装置上膜，缠绕包装机对货物进行自动缠绕包装；包装完毕后，缠绕机复位，断膜机构回转自动切断缠绕膜；上膜夹具夹取缠绕膜，同时抚膜机构启动，将缠绕膜抚平整；包装完毕后，输送线启动将栈板自动输出。

图 13-17　悬臂式自动缠绕机

3. 如何解决缠绕机的常见故障

缠绕机在使用过程中，会遇到各种各样的故障，影响企业的正常生产。缠绕机的常见故障及解决方法见表 13-4。

表 13-4　缠绕机的常见故障及解决方法

常见故障	可能原因	解决方法
机器刚起动时不动作	1．总电源未接通或控制电源未接通 2．暂停按钮或急停按钮按下 3．PLC 损坏 4. 电源线与其他设备连接	1．检查外接电源，重新送电；用钥匙开关打开电源或合上配电柜内开关 2．再按暂停或急停按钮一下，让它弹起 3．更换 PLC 4．重新接独立电源
转盘需人推才能起动	1．变频器缓起动设置的起动时间太长 2．拨码开关损坏	1．重新设定变频器起动时间，将时间设置缩短 2．检修拨码开关
转盘不转	1．变频器烧毁 2．变频器参数设错 3．转盘链条断裂 4．转盘电动机本身故障 5．转盘减速机本身故障 6．旋钮损坏，底盘不转（E 型设备） 7．转盘减速机与链轮连接不正常	1．更换变频器 2．按照要求重新设定 3．调整大小链轮之间的距离，连接链条，如果是链条损坏则更换链条 4．用万用表或摇表检测电动机是否缺项或击穿，如果现场不能维修，则更换电动机 5．更换转盘减速机 6．更换旋钮 7．换连接平键
转盘转起来后有噪声	1．地面不平 2．个别托轮磨损严重	1．要求用户整理或更换放置地点 2．更换托轮
膜架送膜速度不能调整	1．直流调速盒损坏，无输出 2．个别托轮磨损严重	1．检修或更换直流调速盒 2．更换托轮
刀片容易切到中心柱，造成刀片断裂	1．中心柱未能正确安装 2．缠绕机在中心柱积料	1．选择稳定性高，缠绕机不容易在中心柱积料的套标机 2．选择中心柱容易安装、并且要将驱动轮夹紧中心柱的套标机

任务实施

1．故障解决：请分析表 13-5 中的故障原因，并寻找解决方法。

表 13-5　封口机和缠绕机的故障解决

现　象	原　因	解决方法
包装袋封口处无法封上		
转盘不转		
缠绕机容易在中心柱积料		
转盘转起来后有噪声		

2．判断贴标机的翘标解决方法是否正确，并简要说明原因。

（1）产品表面有光油是提高被贴软管的表面质量的表现之一，有利于翘标问题的解决。

（2）尽量采用柔软的标签材料，良好的标签延展性对翘标也会有很大改善。

（3）将标签的底端做成圆形，尽量避开封尾变形区，可在一定程度上解决翘标问题。

（4）贴标过程容易产生静电，这对贴标效果会产生影响，适当提高贴标现场的湿度，是消除静电影响的唯一解决途径。

任务巩固

1. 学生在物流实训室内完成某一种封口机的封口操作，并根据封口质量的好坏分析原因。
2. 教师收集物流公司缠绕机操作中出现的故障，让学生诊断，并寻找解决方法。

任务四　解读自动包装生产线

任务描述

随着科学技术的发展，计算机、智能机器人、各种高级自动化机械及智能型检测、控制、调节装置等技术已被引入包装生产中，从而促进了自动包装生产线的发展。应用自动包装生产线可以大大提高劳动生产率，提高包装产品质量，改善劳动条件，降低工人的劳动强度，降低包装产品的成本。自动包装生产线特别适用于少品种、大批量的产品包装中，是包装工业发展的方向。因而业务员高某认为也应该掌握包装设备的先进设施，为更大的潜在市场做好准备。

知识准备

一、什么是自动包装生产线

自动包装生产线是按包装的工艺过程，将各自动包装机和有关辅助设备，用输送装置连接起来，并具有独立控制装置的工作系统。它能使被包装物品和包装材料按预定的包装要求和工艺顺序，经由各包装机完成包装的全过程。在自动包装生产线生产中，工人不需要直接参与操作，其主要任务是监视、调整和控制，以保证自动包装生产线的正常运行。

二、自动包装生产线有哪些特点

自动包装生产线体现了包装领域的优势，具体特点表现如下：

（1）包装自动化。在整个包装生产线的工艺流程上都采用自动化设备。

（2）设备成套性强。包装生产线多为连续的单机联动线和机组，成套性较强。

（3）通用性较强。企业在物料特性、称量精度以及裹包、封口等方面可能会有不同的要求，但有很多动作是相同或相似的，只是尺寸大小不一样。包装工业发达的国家，包装设备的通用化程度已达 70% ～ 90%。

（4）计数含量高。微电子技术、传感计数和计算机计数的应用，形成高新技术与传统技术的复合，提高了自动包装生产线的工作质量、精度、速度和可靠性，促进了包装生产线向智能化、高度自动化发展。

（5）管理控制一体化。在自动包装生产线的发展中，管理控制一体化的要求越来越高。计算机控制功能主要分为三类，即过程控制、数据处理和物料输送。

例如，瓦楞纸和纸箱生产线，整个计算机分成若干子系统，应用于卷筒纸材料的储存和取用自动化，瓦楞纸板生产线湿部自动化，瓦楞纸板生产线干部自动化，各输送系统自动化，纸箱加工设备的自动化和工厂管理系统的自动化。

三、典型的自动包装生产线有哪些

由于被包装产品及包装形式种类繁多，因此自动包装生产线中工艺过程的安排及设备的配置也多种多样，有的包装生产线只需几台包装机，有的需要几十台包装机。以下举例说明，加深大家对自动包装生产线的了解。

1．啤酒灌装自动生产线

在此，介绍一条我国自行设计且用国产机配置的 20 000 瓶 /h 的啤酒灌装自动生产线（见图 13-18）。

图 13-18　啤酒灌装自动生产线

啤酒灌装自动生产线的工艺流程、布局及区域划分。该条灌装线是由广州轻机厂配制的，从进箱、卸箱、洗瓶、灌装、杀菌、贴标、装箱、输送等全部实现了机械化。其工艺流程如图 13-19 所示。

1）灌装生产线的组成。本条灌装生产线由卸垛机、卸箱机、洗箱机、洗瓶机、灌装压盖机、杀菌机、贴标机、装箱机、验瓶装置、托盘输送器、码垛机及与之配套的辅助装置，如贮液罐、过冷却器、上盖装置等构成。

2）灌装生产线的布局。该灌装线采用单层平面串联布置，作业区呈四方形。整条灌装线布局紧凑，疏密有序，运行流畅，占地面积小。各机组间操作运行空间分布合理，工作通道宽敞、流畅，便于运行，其中主通道宽 6m，沿侧墙通道宽 3m，机组设备间最小距离均大于 2m，间距满足人机系统要求。作业区宽敞、舒适、视野开阔，可使操作人员在有效视觉范围内较好地观察灌装机生产线的运行情况。

另外，在各机组设备周围均留有足够的拆装维修空间，为设备的维修保养提供了方便的场所。

全线以平面布局为主，尽量减少交叉运行造成的干扰。

3）灌装生产线的区域划分。该自动灌装线布局中，按操作工艺过程要求将整个作业区分成若干区域。

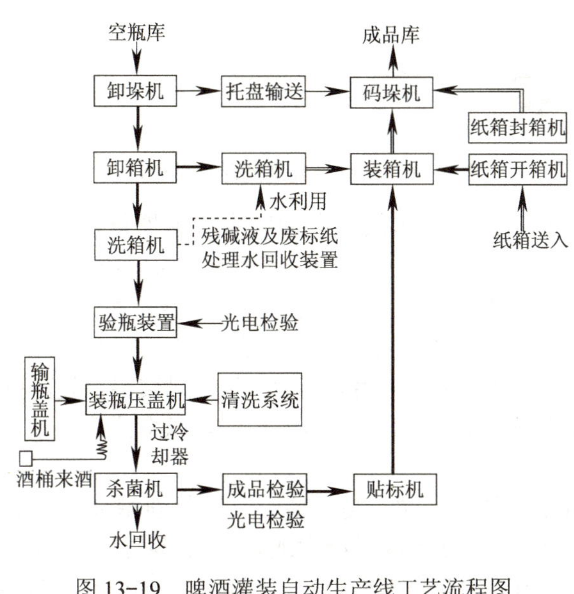

图 13-19　啤酒灌装自动生产线工艺流程图

将空瓶及回收脏瓶堆放区单独设置，在灌装车间隔壁设置空瓶库。在灌装车间的另一侧隔壁设置成品库。这样，空瓶库、灌装区、成品库相互隔离又顺序联系，三者互不干扰。在灌装区内，按设备的功能、作业对象及操作要求，将托盘作业区、输箱作业区及输瓶作业区分开；并将洗涤区（洗瓶、洗箱）邻近集中设置。整个作业区以装瓶机为中心，将前处理部分（卸垛、卸箱、洗瓶等）与后处理部分（杀菌、贴标、装箱、码垛等）划分成两个区域。这样划分有效地避免了各作业区的相互干扰和交叉运行，便于操作观察和作业管理，同时也大大减少了作业污染的可能性，使整个灌装线布局更为合理完善。

另外，在灌装线周围的侧墙通道旁设置备件区，用于储备急用零备件和常用易损件及维修工具，以备一旦设备出现问题和发生故障，可及时修理、更换零件排除故障，以保证灌装线的正常运行。

2. 其他自动包装生产线

（1）智能型高速药品包装生产线。智能型高速药品包装生产线（见图 13-20），整线采用全伺服驱动与气动、机械传动相结合，高端 PLC 可编程序控制系统，实现具有国际领先水平的多轴高精度同步运行。生产线采用先进的人机界面、编码器数据采集、触摸屏操作、中英文和数字显示、自动计数、故障诊断中英文提示，由此确保系统正常运行和操作简单化；同时配置安全、可靠的在线成像检测系统，使产品质量得到安全保障。生产过程中，系统还能自动根据产量配比，根据不同纸盒包装量的需求，来改变设备运行速度。另外，该生产线采用有机玻璃外防护，可视性好，操作方便，并能实现洁净区与非洁净区分离，符合良好作业规范要求，确保安全文明生产。

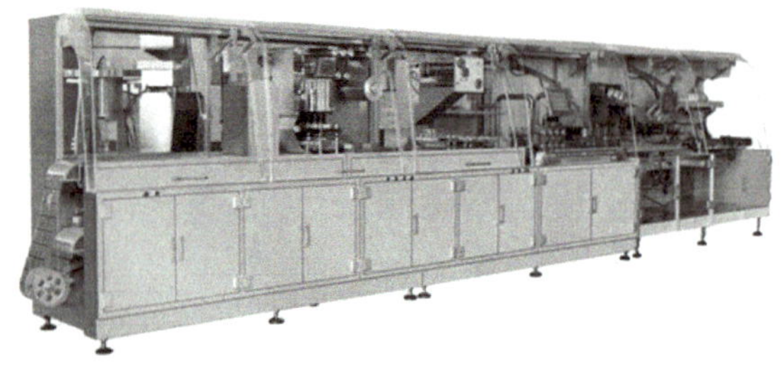

图 13-20　智能型高速药品包装生产线

（2）自动装盒薄膜捆包装箱流水线。自动装盒薄膜捆包装箱流水线（见图 13-21），由自动装盒机、薄膜捆包机、自动装箱机组合而成，是铝塑泡罩包装机的后继设备，由装盒机将药板或裸瓶自动装入纸盒，由薄膜捆包机自动将纸盒捆包，由装箱机将已捆成中包的纸盒自动装入大纸箱内，单机之间连接由输送带自动输送到位，从而完成联线生产。

自动装盒机用于制药包装机械，将铝塑药板（包括已装铝箔袋药板）、塑料瓶（玻璃瓶）自动装入纸盒，完成说明书的折叠（1 ～ 4 折）传送，纸盒成形与使用，打印批号以及纸盒两端纸舌封装等全过程。

全自动薄膜捆包机是一种高档次、高节能、高节材新型捆包机械设备，应用于制药行业和其他小商品包装行业，由带状薄膜对纸盒或有规则形状的物体进行局部捆扎包装。与国内现用热收缩机及三维封闭式薄膜包装机相比，因其不需加热收缩包装，又不需对生产车间降温调节控制，双重节能效果显著。

图 13-21　自动装盒薄膜捆包装箱流水线

任务实施

掌握啤酒灌装自动生产线的相关知识，完成表 13-6。

表 13-6　啤酒灌装自动生产线

自动包装线名称	
组成设备	
工艺流程	

（续）

区域划分	具体区域	划分原因

任务巩固

根据所学知识，上网查找两种自动包装生产线，并完成表13-7。

表13-7　自动包装生产线

名　称	应用领域	组　成	工作流程	生产效率

考核与评价

项目实施评价表

考核项目	考核要求	配　分	评分标准	得分		备　注
				自评	师评	
类型识别	1．说出教师提供的包装设备的图片名称及类别 2．指出包装设备的作用和特点	20	1．不能说出包装设备图片的名称或类别，每次扣3分 2．特点和作用错、漏，每处扣2分			
灌装机使用	1．按说明书安装灌装机 2．正确使用灌装机 3．能结合灌装机使用的情况，对灌装机进行保养	20	1．安装灌装机过程中出现错误，每错一次扣2分 2．使用灌装机过程中，每出现一处错误扣4分 3．保养过程中，每出现一次错误扣3分			
捆扎机操作	1．使用前能正确调试捆扎机 2．正确操作捆扎机 3．规定时间内，能熟练正确地完成捆扎作业	30	1．使用前的调试，每出错一次扣2分 2．捆扎机操作，每错一个步骤扣4分 3．按捆扎机操作作业单的规定，依速度和准确性酌情扣分 4．出现安全事故，0分处理			
故障解决	1．会解决封口机封口不牢的故障 2．正确解决贴标机翘标现象 3．分析并解决缠绕机出现的故障	30	1．无法判断故障原因，每次扣5分 2．无法正确排除故障，每次扣5分			
安全规范	自觉遵守安全文明生产规程		1．每违反一项规定，扣3分 2．设备操作时发生安全事故，0分处理 3．排除设备故障过程中损坏机器，0分处理			
时　间	60min		提前正确完成，每5min加2分 超过定额时间，每5min扣2分			
开始时间：		结束时间：		实际时间：		

项目十四　熟悉计量检验设备

学习目标

1. 了解常见的仓储计量设备和检验设备
2. 掌握各种常见设备的使用和维护方法

项目概述

计量检验设备是仓储设备的重要组成部分，正确认识和使用仓库中的各种计量检验设备，也是仓储管理过程中的一个重要环节。通过本项目的学习与训练，大家能够掌握常见计量检验设备的使用方法，其中计量设备的识别以及检验设备的使用方法是本项目讲述的重点内容。

任务一　认识仓储计量设备

任务描述

某物流公司准备采购一批仓储计量设备，需要对各种类型计量设备的特点和适用范围进行了解，完成表14-1，并提供资料给该物流公司作为参考。

知识准备

一、什么是计量设备

计量设备是用于商品进出时的计量、点数，以及货存期间的盘点、检测等的设备，如地磅、轨道秤、电子秤、电子计数器、流量仪、皮带秤、天平仪以及较原始的磅秤、卷尺等。

二、计量设备有哪些特点

仓库中应用的各种计量设备，具有以下特点：

（1）稳定性。计量装置的计量感应部分在受力之后，会离开平衡位置，而在所受力撤销以后能回到原来位置。

（2）灵敏性。计量设备的灵敏度是指计量设备能感应出的最小变化量。

（3）正确性。计量设备对不同物品每次的计量结果应在误差允许的范围内。

（4）不变性。对同一样物品连续称量，每次所计量的结果应该在误差允许的范围内。

三、常见的计量设备有哪些

1．电子秤

电子秤（见图 14-1、图 14-2）是进行质量计量的电子称重设备。电子秤主要由称重传感器和放大系统、显示仪表三部分部件构成，其优点很多，如计重准确、结构简单、使用方便、体积小、重量轻、计量速度快等。

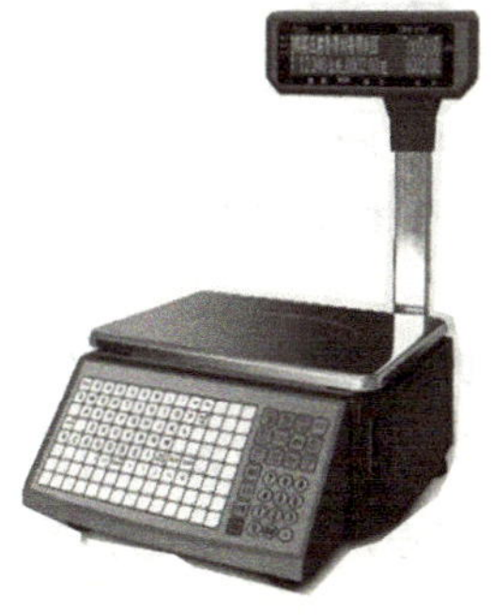

图 14-1　电子秤

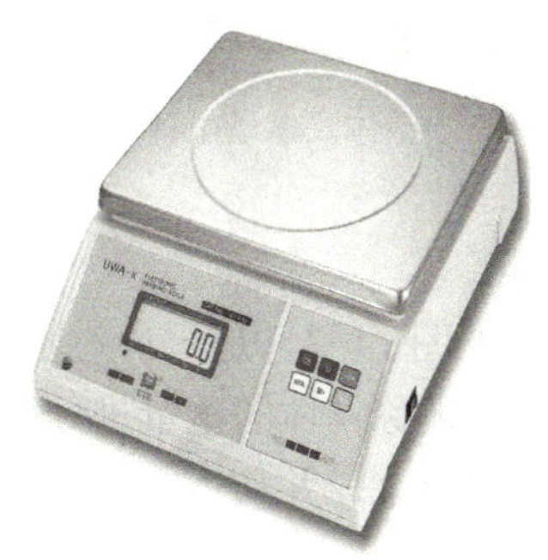

图 14-2　电子台秤

2．地重衡和轨道衡

地重衡（见图 14-3）是一种地下磅秤，将磅秤的台面安装在车辆行驶的路面上，使通过的车辆能快速称重。轨道衡（见图 14-4）是指有轨式的地下磅秤。在有轨车辆通过时，利用它可以称出车辆的总重量。地重衡和轨道衡都有机械式和电子式两种。机械式地重衡和轨道衡都需要人工参与操作，计量误差大；电子式地重衡和轨道衡带有自动显示装置，误差较小，准确度较高。

图 14-3　地重衡

图 14-4　轨道衡

3．电子吊秤

电子吊秤是指在吊装货物过程中可直接称重的计量装置。电子吊秤的计重范围较宽，一般用于单元化集装货物的计重计量场所。大吨位计重一般与起重机配合使用，具有称重准确、计量速度快、数字显示直观及可打印称重结果等诸多优点。

电子吊秤有整体式（见图 14-5）和分离式（见图 14-6）两种。前者数字显示部分与秤体装在一起，数字在秤体上显示；后者数字显示部分与秤体分开，采用无线数据传输方式将信号传输到地面，由地面接收后并显示出重量数字。

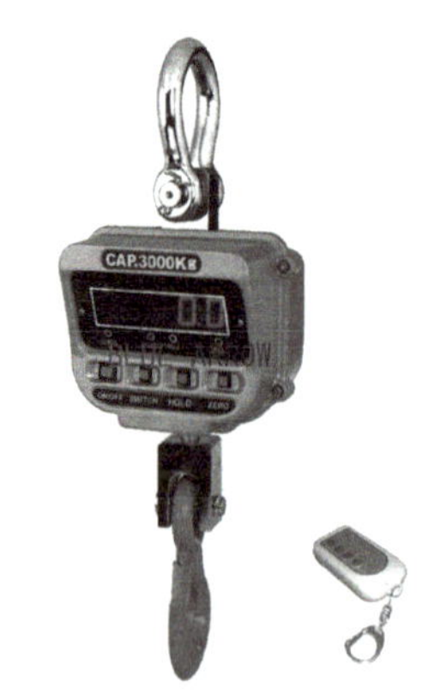

图 14-5　整体式电子吊秤

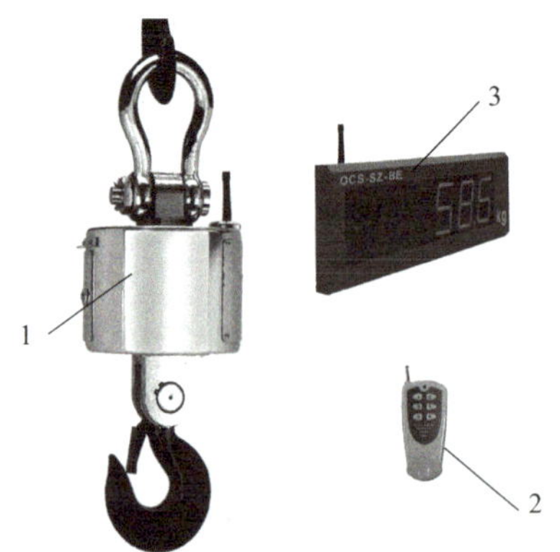

图 14-6　分离式电子吊秤

1—秤体　2—遥控　3—数字显示器

4. 自动检重秤

自动检重秤（见图 14-7）是一种对不连续成件载荷进行自动称重的装置，能够按照预先设定的重量大小对被称物体的重量进行检验，当被称物品不在设定的重量范围内时，自动检重秤能够自动检测出来，并从生产流程中将该物品剔除，同时发出报警信号。

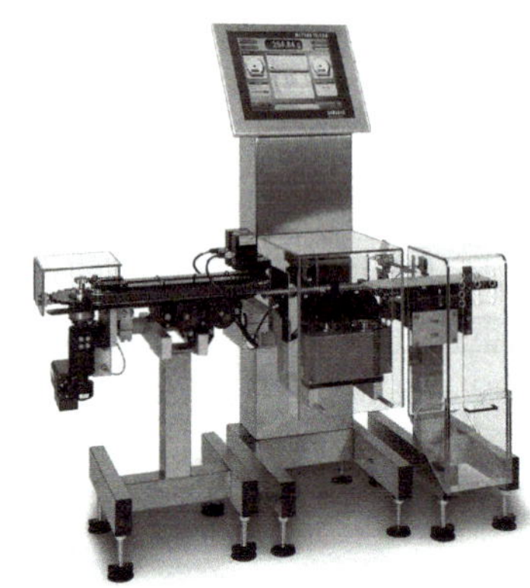

图 14-7　自动检重秤

5. 电子皮带秤

电子皮带秤（见图 14-8）是广泛应用于电力、矿山、冶金、建材、轻工、港口及交通运输部门的动态计量。它的工作原理是根据重力作用对带式输送机所输送的松散物料进行自动连续计量。

图 14-8　电子皮带秤

任务实施

1. 全班分若干小组，选出组长。
2. 查阅相关资料，完成表 14-1。
3. 各组选一位评委，组成评分组，为每一小组的回答情况打分。
4. 按得分多少进行排名。
5. 教师对学生的表现进行点评和对知识内容进行总结。

表 14-1　计量设备资料

计量设备名称	特　点	适 用 范 围

任务巩固

1. 经过任务训练，回顾所学的计量设备种类和特点，进行总结，加深认识。
2. 教师制作各种计量设备图片的幻灯片，展示图片，让同学们说出各种设备的名称和特点。

任务二　认识仓储检验设备

任务描述

某公司现有一批干电池，需要一个仓库进行临时储存。已知干电池的最佳存储温度为 −5 ～ 20℃，最佳相对湿度≤ 70%。假设选择学校内某个教室作为仓库，请采集温湿度数据，汇总填入表 14-3，并判断是否适合仓储干电池。如果不适合，请说出应该如何处理。

知识准备

一、什么是仓储检验设备

仓储检验设备是指商品进入仓库验收和在库内保管测试、化验以及防止商品变质、失效的机具和仪器。

为了使仓库内的温度、湿度等条件完全符合物资养护条件的标准，需要在仓库中配置各种不同的检验设备，以便于及时了解实时状况，从而进行合理控制。

二、测量库内外空气的温湿度

很多商品都有安全湿度界限，湿度太高容易发生霉变、潮解、融化等现象；有些商品如果湿度过低，会引起干裂、干缩、风化、变形等质量变化。例如，卷烟湿度过高，容易发生霉变；湿度过低会造成烟丝干缩，香味减退。因此，商品养护工作中，要实时注意仓库内湿度是否适合商品的安全界限。

另外，空气温度不仅对商品的含水量有较大影响，而且对商品质量也有明显作用。气温的变化可以提高或降低商品的含水量；同时当气温超过商品所适应的范围时，将引起易熔、易溶、易挥发及一部分液体商品的物理化学变化，从而造成损失。如甲醛温度低于 15℃时，就会发生化学反应。

常用的测温仪器有水银温度计、电子温度计、红外测温仪等。常用的测湿仪器有干湿球温度计、毛发湿度计、露点湿度计、红外测湿仪等。

仓库里常用干湿球温度计来测量空气的温湿度。这是一种能够同时测量温度和湿度的仪器。

1. 干湿球温度计的构造与原理是怎样的

干湿球温度计（见图 14-9）是用两支同样的玻璃棒温度计平行固定在一块板上，左面一支温度计能直接读出当时的气温，常简称为干球；右面一支温度计保持湿润，常简称为湿球。温度刻度刻在玻璃柱上，温度范围为 –30 ～ –50℃。

干湿球温度计的测湿原理是利用温度差测定空气中的相对湿度。在干湿球温度计上，湿球温度总是低于或等于干球温度。干湿球的温度差大小与所测空气的相对湿度成反比。干湿球计的温度差为零，空气最潮湿，相对湿度为 100%。干球温度以及干湿球温度差可通过查温湿度换算表（见表 14-2）得出相对湿度。

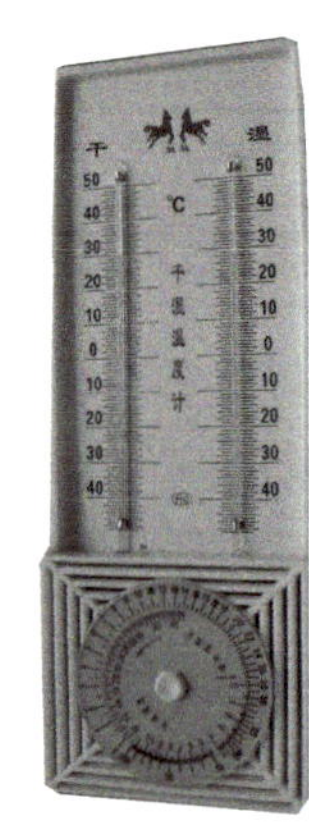

图 14-9 干湿球温度计

表 14-2 温湿度换算表（部分）

干球温度 /℃	干湿球温度差 /℃							
	1	2	3	4	5	6	7	8
40	93	87	80	74	68	62	60	55
39	93	86	79	73	67	61	59	54
38	93	86	79	73	67	61	58	54
37	93	86	79	72	66	60	58	53
36	93	85	78	72	65	59	57	52
35	93	85	78	71	65	58	56	51
34	92	85	78	71	64	57	55	50
33	92	84	77	70	63	56	55	49
32	92	84	77	69	62	55	54	48

2. 如何设置与使用干湿球温度计

干湿球温度计中湿球的下端球部用纱布包裹，纱布应为薄而细的脱脂纱布，吸水性要良好。包扎时要将纱布先浸湿，以绕球部一周半为宜，将纱布的另一端浸入水杯中，水杯中所使用的水不得少于 2/3，需使用蒸馏水或干净的雨水。

干湿球温度计应放置在空气流通不受阳光照射的地方，不能紧贴墙面悬挂，挂置高度与人眼齐平，约 1.5 ～ 1.7m。

观测视线应与水银柱顶端保持同一水平，勿使头、手和灯接近球部，尽量不要对水银球部呼气。使用时先读干球，再读湿球，并做好记录。

三、其他常见测量温湿度仪器有哪些

1．测湿仪

测湿仪是一种测量空气内含水分多少的仪器。常用的测湿仪是红外测湿仪（见图 14-10），其工作原理是基于水分子对红外光的吸收特性，输出的是绝对湿度。它具有稳定性好、寿命长、响应时间快、不受饱和条件限制等优点，在很高或很低的湿度环境中都能很好地工作。

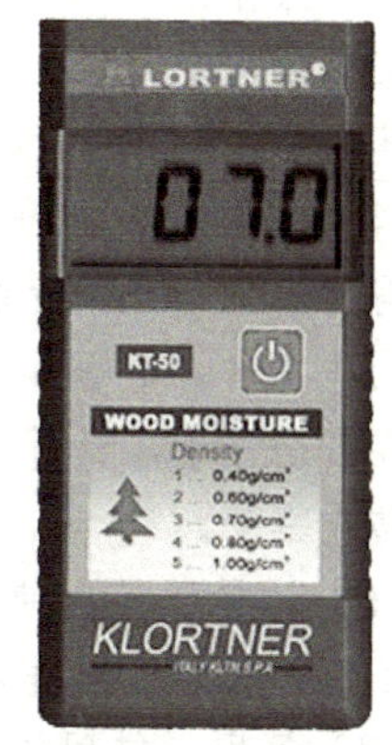

图 14-10　红外测湿仪

仓储物资为木材、药品等物品时，所在仓库有必要配备相应的测湿仪，如木材测试仪等。

测湿仪使用时应注意以下问题：

（1）要保证有良好的绝缘性，使用保存时注意防潮防湿，保持干燥，以免影响测量准确性。

（2）不要长时间按下按钮，只有当检查或测量读数时才短时间按动一下。

（3）仪器保存的环境温度为 0 ～ 40℃。长期不用，应把电池从盒内取出。

2．测温仪

测温仪是温度计的一种，用红外线传输数字的原理来感应物体表面温度。它操作比较方便，特别适用于高温物体的测量；应用广泛，可用于机器、零件、玻璃及室温等各种物体表面温度的测量。

目前用得比较多的是红外测温仪（见图 14-11）。红外测温仪采用红外成像检测技术，可以对正在运行的设备进行非接触检测，拍摄其温度场的分布、测量任何部位的温度值，据此对各种外部及内部故障进行诊断，具有实时、遥测、直观和定量测温等优点。

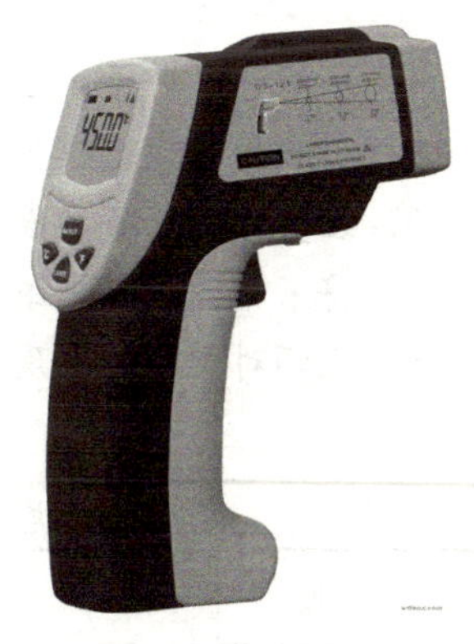
图 14-11　红外测温仪

红外测温仪使用时应注意的问题：

（1）红外测温仪只测量表面温度，不能测量内部温度。

（2）红外测温仪最好不用于光亮的或抛光的金属（不锈钢、铝等）表面的测温。

（3）定位热点时在目标上作上下扫描运动，直至确定热点。

（4）注意环境条件，如蒸汽、尘土、烟雾等，它们阻挡仪器的光学系统而影响精确测温。

（5）如果测温仪突然暴露在环境温差为 20℃或更高的情况下，允许仪器在 20min 内调节到新的环境温度。

小贴士

计量器具的使用、维护、保养制度

（1）各部、室的计量器具由专（兼）职计量人员负责管理。

（2）使用计量器具，必须先了解其性能和使用规定，按使用说明书的规定正确使用，严禁违章操作。

（3）任何个人不准在工作岗位上使用无检定合格证或超过检定周期以及经检定不合格的计量器具。由于使用超过检定周期及经检定不合格的计量器具而造成的事故，由使用者直接负责。

（4）各种计量标准器具及精密计量器具，应由专人管理，定期进行维护保养。计量器具不得外借。特殊情况需经领导批准。

（5）各种计量器具必须由使用人定期进行保养，经常保持清洁。注意防尘、防潮、防撞，存放在安全位置，计量器具严禁与其他工具、杂物堆放。较长时间不用的仪表要定期通电去潮，防止霉变。

（6）计量器具在使用中发生故障应停止使用，并送相关部门进行修理，严禁计量器具带病工作。非专业修理人员不得自行拆修计量器具，违者要对造成的后果负责。

（7）领用、借用的计量器具，因违反操作规程或其他非正常原因造成严重损坏的，使用者必须填写器具损坏报告，说明原因，所在部、室领导签署意见，根据损坏情况，认识态度等进行处理。责任人要赔偿一定的经济损失。对于非正常损坏贵重精密计量器具者，除经济赔偿外，还要视情节轻重，建议公司给予行政处分。

（8）领用、借用的计量器具丢失，应填写器具丢失报告单，按计量器具的原值和实际使用年限赔偿部分余值。

任务实施

1. 班级分成若干小组，选出一名组长。
2. 小组讨论，选择数据采集地点。
3. 组员分配任务，保证每种仪器每人至少使用一次。
4. 将采集所得数据填入表 14-3，并完成任务。
5. 教师对学生的表现进行点评和对知识内容进行总结。

表 14-3　温湿度数据采集

地点：__________　库存商品：________　安全温度：________　安全相对湿度：________

日　期	上　午				
	天气	干球℃	湿球℃	相对湿度	记录时间
日　期	下　午				
	天气	干球℃	湿球℃	相对湿度	记录时间

总结在各种仓储检验仪器使用过程中应该注意的问题，以及解决的办法。

考核与评价

项目实施评价表

考核项目	考核要求	配分	评分标准	得分		备注
				自评	师评	
类型识别	1. 说出教师提供的仓储计量设备图片的名称 2. 指出计量设备的特点	30	1. 不能说出计量设备图片的名称，每次扣4分 2. 特点错、漏，每处扣2分			
设备使用	1. 正确使用干湿球温度计 2. 正确记录温湿度数据 3. 根据采集的温湿度数据，能判断是否适合仓储物资	40	1. 干湿球温度计使用中，每一次出错扣5分 2. 温湿度数据采集和记录中，每错一次扣3分 3. 判断错误扣10分			
使用诊断	1. 正确诊断干湿球温度计错误使用方法 2. 正确诊断测湿仪错误使用方法 3. 正确诊断测温仪错误使用方法	30	1. 干湿球温度计使用诊断错误，每次扣5分 2. 测湿仪使用诊断错误，每次扣5分 3. 测温仪使用诊断错误，每次扣5分			
安全规范	自觉遵守安全文明生产规程		1. 每违反一项规定，扣3分 2. 设备操作时发生安全事故，0分处理 3. 诊断设备的错误使用时，损坏设备的，0分处理			
时　间	40min		提前正确完成，每5min加2分 超过定额时间，每5min扣2分			
开始时间：		结束时间：		实际时间：		

项目十五　熟悉安全设备

学习目标

1. 了解仓储安全设备类型
2. 学会使用消防安全设备

项目概述

仓库是物资的聚集储存地，又是仓储作业的劳动场所，且具有较多的机械与设备。做好防火、防盗、防事故工作，是预防库存物料遭受损失的最好措施。本项目通过两个任务，主要讲述仓储中常见的消防安全设备、防盗系统等，旨在进一步提高大家的仓储安全防范意识。

任务一　熟识消防安全设备

任务描述

随着国家对物流行业的振兴规划，物流公司、仓储公司、配送中心纷纷成立并快速发展。某生产企业主要经营消防设备，公司想借此机会推广自己的产品，如果你是该公司的业务推广员，你会如何推广自己的消防设备呢？

知识准备

仓库集中储存着大量的流通物资和储备物资，一旦发生火灾，若扑救不及时，将造成巨大的损失。因此仓库安全工作的重点是防火。为保证仓储工作的正常进行，减少火灾发生的概率与损失，必须保证仓库消防系统配置齐全。常见仓储消防安全设备主要包括以下四种。

一、火灾自动报警设备

火灾的危害性是极其严重的，尤其是仓库火灾，能在极短的时间内毁灭大量物资及其设备，并威胁到人民的生命安全。因此，仓库防火是仓库安全的必要措施。

火灾自动报警系统是为了及早发现和通报火灾，并及时采取有效措施控制和扑灭火灾而设置在建筑物中或其他场所的一种自动消防设施。该系统由火灾报警主机、火灾特征或火灾早期特征传感器、人工火灾报警设备、输出控制设备组成。传感器完成对火灾特征或火灾早期特征的探测，并将相关信号传送到火灾报警主机。报警主机完成对信号的显示、记录，并完成相应的输出控制。图 15-1 为火灾报警控制器。

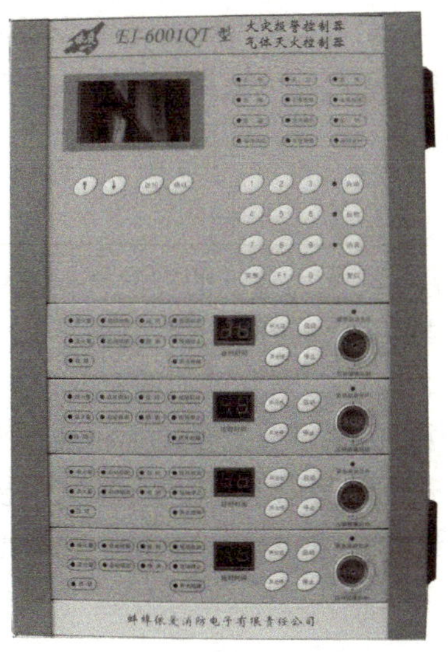

图 15-1　火灾报警控制器

二、自动喷水灭火系统

自动喷水灭火系统由洒水喷头、报警阀组、水流报警装置等组件，以及管道、供水设施组成，并能在发生火灾时喷水的自动灭火系统。图 15-2 为湿式喷水灭火系统，是自动喷水灭火系统的一种。

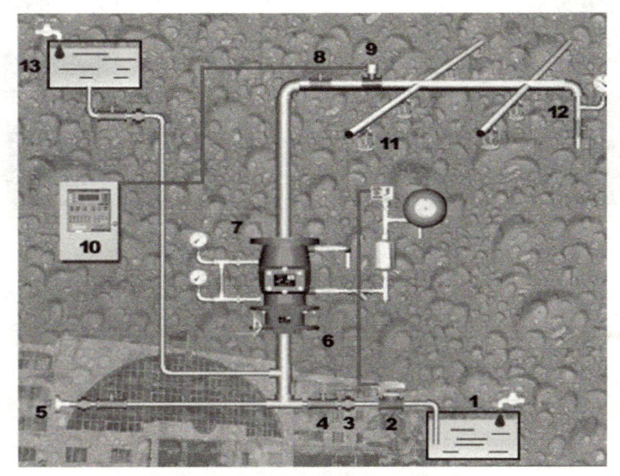

图 15-2　湿式喷水灭火系统

1—消防水池　2—消防水泵　3—消防安全指示阀　4—水流指示器　5—排水漏斗　6—湿式阀　7—压力罐　8—信号线路　9—水流指示器　10—火灾报警灭火控制器　11—闭式喷头　12—消防水泵接合器　13—高位水箱

自动喷水灭火系统根据被保护建筑物的性质和火灾发生、发展特性的不同，可以有许多不同的系统形式，通常根据系统中使用的喷头形式的不同，分为闭式自动喷水灭火系统和开式自动喷水灭火系统两大类。

闭式自动喷水灭火系统采用闭式喷头，它是一种常闭喷头，喷头的感温、闭锁装置只有在预定的温度环境下，才会脱落，开启喷头。因此，在发生火灾时，这种喷水灭火系统只有处于火焰之中或临近火源的喷头才会开启灭火。

开式自动喷水灭火系统采用的是开式喷头，开式喷头不带感温、闭锁装置，处于常开状态。发生火灾时，火灾所处的系统保护区域内的所有开式喷头一起出水灭火。

三、灭火器

灭火器（见图 15-3）是一种可由人力移动的轻便灭火器具，它能在其内部压力作用下，将所充装的灭火药剂喷出，用来扑灭火灾。由于灭火器结构简单，操作方便，使用面广，对扑救初期火灾有一定效果。

灭火器的种类很多，按其移动方式可分为手提式和推车式；按驱动灭火剂动力来源可分为储气瓶式、储压式、化学反应式；按所充装的灭火剂则又可分为泡沫、二氧化碳、干粉、卤代烷，还有酸碱、清水灭火器等。

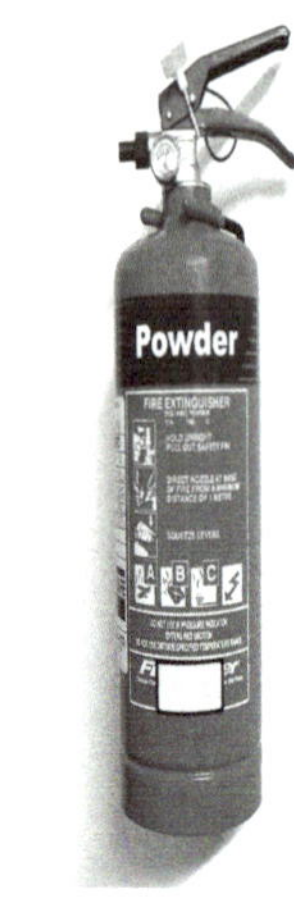

图 15-3　灭火器

四、消火栓

消火栓（见图 15-4、图 15-5）是一种固定消防工具，可以直接连接水带、水枪出水灭火。其主要作用是控制可燃物，隔绝助燃物，消除着火源。

图 15-4　消火栓

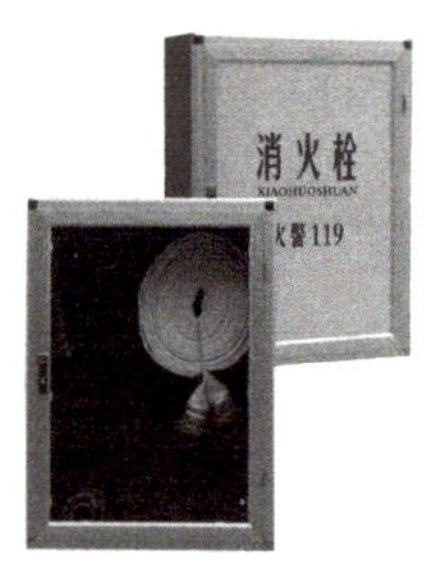

图 15-5　消火栓箱

任务实施

第一步骤：教师下达任务书

第二步骤：四人一小组，小组讨论并完成任务书上的任务

第三步骤：成果展示，每一组派一名代表将小组讨论的结果向大家展示

第四步骤：教师对学生的表现进行点评，并对知识内容进行总结

任务巩固

请根据表 15-1 中的内容，对当地某一家企业的自动喷水灭火做一次检测记录。

表 15-1　自动喷水灭火维护保养综合检测记录

系统名称：自动喷水灭火系统

企业名称：　　　　No.

	检查项目	检查要求	检查结果	备注
报警阀组	外观	组装正确、完整、无渗漏，配件功能完好		
	排水设施	排水管径≤试水管径的 2 倍		
	水力警铃位置	主通道或值班室内		
供水总控制阀	（1）开、关状态	灵活可靠、标志明显		
	（2）锁定设施	常开，锁定牢固		
排水设施	水流指示器外观	完整无缺损、标志明显、永久，方向指示正确		
	末端试水装置设置位置	每层或区最不利处		
	组件	有试水阀或测压仪表或流量表		
	排水设施	应符合要求		
雨淋阀组	雨淋阀组的位置	靠近保护对象，便于操作		
检查员：		日期：		

备注：检查内容符合要求打“√”；不符合要求打“×”，并在备注栏中注明情况

任务二　了解其他安全设备

任务描述

某仓储公司在吸取火灾教训之后，该公司的负责人更加意识到配置仓库安全设施的重要性。重新建设仓库后，该公司加强了仓储安全管理。请问除购置消防设备外，该公司还需要购置哪些其他的安全设备？

知识准备

对仓库来说，为了确保物资安全，除了防火以外，防盗窃和防破坏也很重要。

一、什么是防盗设备

1. 防盗报警设备

防盗报警设备一般分为：报警控制器和前端探测器。一个防盗报警系统（见图 15-6）中报警控制器是必不可少的。报警控制器是一台主机（如计算机的主机一样），由电源部分、

信号输入、信号输出、内置拨号器等组成，是用来处理有线/无线信号，检测系统本身故障的。前端探测器包括门磁开关、玻璃破碎探测器、红外探测器和红外/微波双鉴器、紧急呼救按钮。

图 15-6 防盗报警系统

1—充电器 2—红外探测器 3—门磁开关 4—防盗报警主机

防盗报警系统具有探测灵敏，抗干扰强，报警准确可靠，安装、操作简便等优点。其功能特点如下：

（1）利用三频 GSM 900MHz、1800MHz、1900MHz 无线网络，报警不受距离限制。

（2）支持 GSM/CDMA 手机，兼容中/英文短消息报警功能，移动中接警和布撤防功能。

（3）触发报警后主机会自动存储及发送现场彩色图像，证据确凿。

（4）可将抓拍的现场彩色图像发送至用户设置的手机或电子信箱。

（5）支持现场图像移动侦测报警功能。

（6）传输图像大小可调。

（7）自动循环拨打 5 组报警电话，并发送中英文短信。

（8）可向公安 110 或晶盾联网报警中心报警，同时向主人的手机报警。

（9）可通过电话进行远程布防、撤防、监听现场。

（10）主人能通过电话或手机，远程控制三路家电输出。

（11）主机具有三路有线输入控制端，方便连接各种有线报警设备。

（12）主机具有报警时继电器输出控制端，可联动录像。

（13）外接喇叭接口、静音/警笛声报警转换。

（14）学习式对码方式，可灵活扩展各类探测器。

2．监控摄像机

在仓储安全防范系统中，图像的生成当前主要是来自 CCD 监控摄像机（见图 15-7）。

CCD 是电荷耦合器件（Charge Coupled Device）的简称，它能够将光线变为电荷并将电荷存储及转移，也可将存储的电荷取出使电压发生变化，因此是理想的摄像机元件，以其构成的 CCD 摄像机具有体积小、重量轻、不受磁场影响、具有抗振动和抗撞击的特性而被广泛应用。

CCD 摄像机的工作方式：被摄物体的图像经过镜头聚焦至 CCD 芯片上，CCD 根据光的强弱积累相应比例的电荷，各个像素积累的电荷在视频时序的控制下，逐点外移，经滤波、放大处理后，形成视频信号输出。视频信号连接到监视器或电视机的视频输入端便可以看到与原始图像相同的视频图像。

图 15-7　CCD 监控摄像机

二、什么是防爆灯

由于照明灯具在工作时极易产生电火花或形成炽热的表面，它们一旦与易燃物或爆炸性气体混合物相遇，就会导致爆炸事故的发生，直接危及仓储物资与工作人员的生命安全。

防爆灯（见图 15-8）也称做防爆灯具、防爆照明灯，是指用于可燃性气体和粉尘存在的危险场所，能防止灯内部可能产生的电弧、火花和高温引燃周围环境里的可燃性气体和粉尘，从而达到防爆要求的灯具。不同的可燃性气体混合物环境对防爆灯的防爆等级和防爆形式有不同的要求。

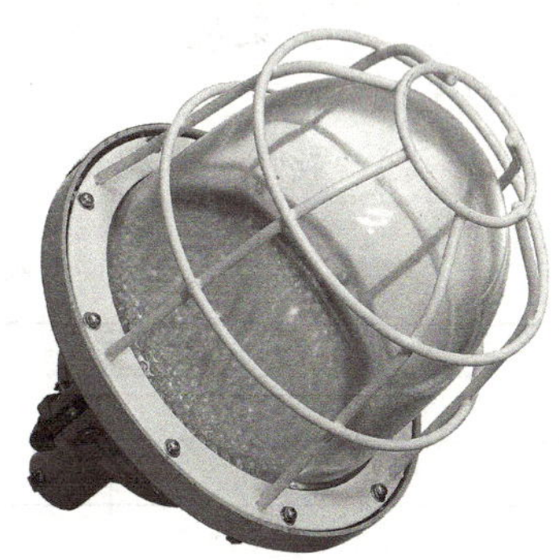

图 15-8　防爆灯

小贴士

药品试剂仓库安全管理制度

第一条　仓库管理人员必须对所有存放药品试剂的性质、保管办法及安全注意事项精通熟悉，并会正确地使用本库的安全及消防设施。

第二条　仓库主管领导须经常对仓库管理员进行业务、安全及消防知识教育，并定期进行考试。

第三条　仓库周围要保持清洁。不得存放易燃易爆物品，道路要保持畅通无阻。

第四条　仓库的电气设备及照明必须是防爆型，并定期检查，保证完整无损。

第五条　仓库必须备用足够、合适的消防设备。

第六条　仓库存放的药品试剂，要排列整齐，分类保管，不得将性质不同的和有抵触的药品试剂混放在一起。

第七条　仓库存放的药品试剂必须贴有明显的品名标号，以防领错。

第八条　搬动药品、试剂时，必须轻拿轻放，禁止摔打和撞击，如包装有破损的应立即处理。

第九条　库内严禁烟火及携带引火物。

第十条　非本库人员不得随意入库，如因工作需要必须入库时，应在登记簿上登记，经仓库主管领导同意后方可进入。

第十一条　处罚

（1）对本规定执行不力的当班人员、管理人员分别处100元、200元罚款，造成事故的，根据事故轻重和损失大小处200～1000元罚款，特别严重的解除劳动合同。

（2）对违反规定，在药品试剂仓库抽烟动火人员处100元罚款，并责令其参加安全教育。当班人员不及时制止的，处100元罚款。

任务实施

第一步骤：教师下达任务书

第二步骤：四人一小组，小组讨论并完成任务书上的任务

第三步骤：成果展示，每一组派一名代表将小组讨论的结果向大家展示，并做好表15-2的记录

第四步骤：教师对学生的表现进行点评，并对知识内容进行总结

表15-2　购置安全设备原因说明

需购置的安全设备	理　由

任务巩固

某食品加工公司经常要存储食物，为了让食品更好地存储，需加强食品的防腐防潮管理，请参考网络或其他资料，描述如何进行防治工作。

考核与评价

项目实施评价表

考核项目	考核要求	配分	评分标准	得分		备注
				自评	师评	
类型识别	1. 说出教师提供的仓储安全设备的图片名称 2. 指出防盗报警系统的特点	20	1. 不能说出仓储安全设备图片的名称，每次扣3分 2. 特点错、漏，每处扣2分			
设备检测	1. 参照《自动喷水灭火维护保养综合检测记录》进行正确检测 2. 能正确检测消防栓	40	1. 完全不会检测，每项扣20分 2. 检测设备时，每出错一次扣5分			
设备使用	1. 正确使用灭火器 2. 正确使用监控摄像机	40	1. 使用灭火器，错误一次扣5分 2. 监控摄像机监控操作，错误一次扣5分			
安全规范	自觉遵守安全文明生产规程		1. 每违反一项规定，扣3分 2. 设备使用时损坏设备，0分处理			
时　间	40min		提前正确完成，每5min加2分 超过定额时间，每5min扣2分			
开始时间：		结束时间：		实际时间：		

参考文献

[1] 石文明．物流机械设施与设备 [M]．北京：化学工业出版社，2010.

[2] 周蕾．物流技术与物流设备 [M]．北京：中国物资出版社，2009.

[3] 肖生苓．现代物流装备 [M]．北京：科学出版社，2009.

[4] 魏国辰．物流机械设备运用与管理 [M]．2 版．北京：中国物资出版社，2007.

[5] 唐四元，鲁艳霞．现代物流技术与装备 [M]．北京：清华大学出版社，2008.

[6] 田奇．仓储物流机械与设备 [M]．北京：机械工业出版社，2008.

[7] 刘昌祺，金跃跃．仓储系统设施设备选择及设计 [M]．北京：机械工业出版社，2010.

[8] 白世贞，刘莉．现代仓储物流技术与装备 [M]．北京：中国物资出版社，2007.

[9] 霍红，刘莉．物流仓储管理 [M]．北京：化学工业出版社，2009.

[10] 解云芝．物流技术实务 [M]．北京：机械工业出版社，2006.

[11] 李文斐，张娟，朱文利．现代物流装备与技术实务 [M]．北京：人民邮电出版社，2006.

[12] 张耀平．仓储技术与库存管理 [M]．北京：中国铁道出版社，2007.